中國學術思想

研究輯刊

三六編

林慶彰 主編

第1冊

《三六編》總目

編輯部編

荀子生命教育思想研究（上）

李欣霖 著

花木蘭文化事業有限公司

國家圖書館出版品預行編目資料

荀子生命教育思想研究（上）／李欣霖 著 -- 初版 -- 新北市：
花木蘭文化事業有限公司，2022〔民 111〕
目 6+144 面；19×26 公分
（中國學術思想研究輯刊 三六編；第 1 冊）
ISBN 978-626-344-044-9（精裝）
1.CST：（周）荀況 2.CST：荀子 3.CST：學術思想
4.CST：生命教育
030.8　　　　　　　　　　　　　　　　111010185

ISBN-978-626-344-044-9

9 786263 440449

中國學術思想研究輯刊
三六編　第 一 冊　　　　　　ISBN：978-626-344-044-9

荀子生命教育思想研究（上）

作　　者　李欣霖
主　　編　林慶彰
總 編 輯　杜潔祥
副總編輯　楊嘉樂
編輯主任　許郁翎
編　　輯　張雅淋、潘玟靜、劉子瑄　美術編輯　陳逸婷
出　　版　花木蘭文化事業有限公司
發 行 人　高小娟
聯絡地址　235 新北市中和區中安街七二號十三樓
　　　　　電話：02-2923-1455 ／傳真：02-2923-1452
網　　址　http://www.huamulan.tw 信箱 service@huamulans.com
印　　刷　普羅文化出版廣告事業
封面設計　劉開工作室
初　　版　2022 年 9 月
定　　價　三六編 30 冊（精裝）新台幣 83,000 元　　　版權所有・請勿翻印

《三六編》總目

編輯部 編

《中國學術思想研究輯刊》三六編 書目

醫易學研究專輯

魏晉南北朝學術思想研究專輯

明代學術思想研究專輯

清代學術思想研究專輯

民國學術思想研究專輯

歷代美學研究專輯

佛教思想研究專輯

《中國學術思想研究輯刊》三六編
各書作者簡介‧提要‧目次

第一、二冊　荀子生命教育思想研究

作者簡介

　　李欣霖博士，才智兼具，篤志勤學，術業有專攻。治學嚴謹而不拘泥，思辨敏捷而不逾越；加之有豐碩的國學與西方哲學思考，所為論文，除能參酌本國古今碩學論著外，更能融入西方學術思維，故能舊裡開新，發古人心聲。其治學用功，對於中國宗教儒道釋哲理、輔導療癒、生命教育等課程，都是其學術專長。作者又兼有宗教實際修練，有多方面的著作與經典教學等，經驗豐厚，其著作都獲得了外界的肯定與讚賞。作者也修得哲學與宗教雙博士學位與雙碩士學位，其學術能力值得肯定。

提　要

　　荀子以儒家傳承為基礎，集先秦思想的大成，對百家學說審察與回應，展其開生命教育思想。其學說綜合的前人理論，擺脫「天命」的迷思，強調以人為本位，回歸理性思維，闡顯儒者生命學問思想。在戰國末期是社會變革的重要時期，諸子百家對於如何治理民生、關懷社會、統一國家等方面，紛紛提出了自己的觀點，荀子也要對時代有所回應，故從現象發展來觀察，他看到了人性有趨惡的可能，因此需要將禮法來進行改造，創造性地提出「化性起偽」、「隆禮重法」、積習等生命教育思想。荀子以大清明心的生命豁醒，提出禮─心─理的範疇論述，理性地闡論以人為本的自由，一個充實飽滿禮

理的人文理想世界。本文主要採「視域融合」詮釋方法，引古今、中西、內外、天人等觀點，及其歷史與時代「互為主體」的理論，對天地、先祖、君師等的本原探求及法先後王為目標考察，建構其內外兼治的思想，同時也對儒學提供了合理性的教育方向，而「二千年來，皆荀學也」亦知荀子理論的影響，廣大而深遠。本論闡顯現代學術與之對話，重新開出荀子生命教育及多元化關懷。架構中乃包括了荀學中的哲學、社會、自然、教育、養生、輔導及宗教……等面向，將其生命學問涵融一體，在各面向的探論中，以期開展荀子生命教育的實質內涵和理論價值，建立新荀學的視域。

目　次

上　冊

下　冊

第三冊　一種人性，兩種視域：荀子與韓非子人性觀之比較

作者簡介

　　朱敏伶，1979 年生於基隆，後遷居台北市。1997 年畢業於北一女中，2001年畢業於國立新竹師範學院（現為國立清華大學竹師教育學院）數理教育學系，2012 年畢業於輔大哲學系碩士班，2022 年畢業於輔大中文系博士班。

　　現職為新北市新莊區光華國小教師，任職期間曾短暫兼任國家教育研究院測驗及評量研究中心研究教師。

提　要

　　本論題訂為「一種人性，兩種視域：荀子與韓非子人性觀之比較」，「一

種人性，兩種視域」乃交代研究方法及視角，副標題則交代研究對象及範圍，詳細統整在第一章之內容。第二、三章則以《荀子》、《韓非子》的文本進行梳理，探究兩人同樣透過經驗考察人類的行為現象，卻各自展現出「性惡」、「自利自為」的不同解釋。第四、五章延續以《荀子》、《韓非子》的文本為基礎，分析荀子與韓非子對人性的不同解釋，如何衍生出其人性視域所預設呈現的不同風貌。第六章比較兩人的人性視域融合差異，並歸納出荀子與韓非子的政治哲學都以「君一群」為架構，但其細部歷程則出現重君德與重君權的差異。第七章的結論先述「荀子與韓非子思想之中國哲學特質」，關注兩人學說中都呈現「人一群一君」三個議題的共構返回循環彼此相互觀照；再論「荀子與韓非子思想的現代意義」，以人的本質關懷導向教育、法治的時代性詮釋作為裒多益寡的相互匯融。

目　次

第四冊　莊子思想研究

作者簡介

　　黃震雲，男，1957 年生，文學博士，詩人、著名書法家，中國政法大學中文系教授。兼任中國屈原學會副會長、中國遼金元文學學會副會長等。主要研究中國古代文學及其與法律、藝術等交叉學科。出版學術著作20 部，發表論文 500 多篇，多次獲得省部級獎勵，多次出國講學交流，在學界有較高的知名度。

提　要

　　本書是我國第一部莊子思想研究的學術著作，對莊子的生平和成就進行了新的價值評估，具有很高的學術價值。

　　作者歷時多年，對莊子的籍貫、鄉里進行了仔細的考證，探討了莊子的生平行歷和思想淵源。指出老莊思想同源，均本之於周代形成的易學，但彼此不具傳承特徵。道家和儒家同根，是道為中心的中國傳統文化的時代回應。莊子對老子和孔子的評鑒相對客觀，由此可以看出《論語》的避諱、溢美孔子的缺陷。莊子的三言的書寫方式具有邏輯性、創造性。他的藝術理念、教育思想、認識世界的途徑、人生價值理想的表達，皆博大精深，具有一定的現代意義。莊子的樂生至人的理想和解決現實苦難的思考皆具有建設性和啟發性。莊子提出法治的概念，並詳細地表達了他的法治主張。莊子對道的強

化和重建具有實踐性，與老子的道家對《周易》的化解性質不同，莊子建設了實踐道學的理論系統，對於自然科學的發展也起到了積極的推動作用。

這是作者已經出版的二十多部著作中感到特別珍惜的一部書。

目 次

第五冊　龍起濤《毛詩補正》研究

作者簡介

　　林秉正，1984 年生，新北市新店人。東海大學中國文學系碩士班畢業。

提　要

　　晚清龍起濤的《毛詩補正》主要以補正毛《詩》為著述旨趣，並於闡發《詩序》之義與補正毛《詩》舊注外，又能兼具文學審美，然而本書如何補正毛《詩》以及如何透過評點發掘《詩經》的文學藝術，是本文主要的探究軸心。

　　在研究進路上，本文以龍起濤及其《毛詩補正》作為研究對象，展開其人其書的全面研究，文分六章：

　　第一章　緒論：分為研究動機、研究範圍與研究方法、目前研究現況三小節。第二章　龍起濤與《毛詩補正》：分為生平事略、《毛詩補正》一書論述、龍起濤對《詩經》問題的關注三小節。第三章　《毛詩補正》的論詩觀點與特色：分為《毛詩補正》對三家《詩》的態度、闡明《詩序》、《毛詩補正》的論詩特色三小節。第四章　《毛詩補正》的補正內容探討：分為補充毛《傳》、更正毛《詩》、訓解討論三小節。第五章　《毛詩補正》之評語探討(上)：分為常用評語、評點字詞、評點章法三小節。第六章　《毛詩補正》之評語探討(下)：分為評點修辭、評點精神、評語方式三小節。結論：對龍起濤其人以及《毛詩補正》一書之探討，提出全文研究結論。

目　次

第六、七、八冊　周易的教育智慧

作者簡介

　　李志華，男，中學一級教師，長江大學文學院畢業，1976 年 11 月出生於湖北仙桃。現為北京中觀國學周易講師，湖北省華素杯教育科技有限公司易學顧問，湖北省周易學會會員，中華優秀傳統文化研究者、踐行者和傳播者。原《師範教育研究》雜誌封面人物。迄今為止在各級報刊、雜誌發表詩文 60 餘篇，曾受邀在多所大學講學。

提　要

　　作為第一部把周易與教育結合的專著，該書嘗試通過爻意點津和教學實

例融合的形式，雙重解讀周易文本，以期拋磚引玉，管窺教育。此書以周易為明線，教育為暗線，採用「一爻一案例」的結構，真實、準確、生動，全方位、多角度地展現學校師生的日常生活，以周易視角研討教育教學現象、探索教育教學規律，讓學校的領導和師生可親、可近，可觀、可感，進而能夠反觀自我，明理踐行，知行合一。「周易即生活，生活即教育」，該書是一本以教育視角解讀周易的佳作，值得廣大易學愛好者、教育工作者以及其他各界人士學習與借鑒。

目　次

第九、十冊　《清華大學藏戰國竹簡（肆）‧筮法》整理與研究

作者簡介

葉檳豪，1990 年生，國立東華大學中國語文研究所碩士。對術數有濃厚的興趣，主要研究領域為先秦出土易學及術數文獻。

提　要

本研究以《清華大學藏戰國竹簡（肆）》中所收錄的《筮法》篇為研究主題。《筮法》是一篇相當特別的出土易類文獻，使用數字記錄卦畫，是第一篇具系統性的數字卦材料。其解卦系統與《周易》有根本上的不同，並不使用常人所知的六十四卦卦爻辭為占，而是以前所未見的「四位」卦位系統為骨幹，綜合各類卦、爻象與筮占時間進行占斷，並形成了不少獨特的解卦術語。然而，這套解卦系統雖然是首見，但仍有不少內容能與傳世、出土易學材料相互對應，如《說卦傳》「父母六子」、「帝出乎震」的卦象，又或者是輯本《歸藏》的若干卦名用字與經卦卦序，皆可見於《筮法》之中。因此，《筮法》同時與先秦數字卦、《周易》乃至於《歸藏》都有所聯繫，是數字卦向符號卦演變及先秦《周易》文本形成的重要拼圖，有助於釐清先秦易學的發展脈絡及其相關問題。

本研究擬循序漸進，先從文字校讀入手，於第二章梳理《筮法》中釋讀爭議較大的文字及其專業術語，以求正確地解讀《筮法》的內容。其次，於第三章中整理並歸納《筮法》中諸多解卦原則及術語。分為四個大類，其一是「四位卦」的卦位系統，其二是「卦象類」解卦原則，其三是「爻象類」解卦原則，其四是「時序類」解卦原則，旨在解析這些原則及術語的具體所指。接著，於第四章透過《筮法》、出土數字卦材料與《周易》、《歸藏》文本的對比，推論陰陽爻符號的形成、《說卦傳》部份卦象的形成時間、來源等問題。最後，於第五章總結研究成果及本研究的未竟之處。

目　次

上　冊

第十一、十二冊　張載易學和程頤易學比較研究

作者簡介

　　李學衛，男，漢族，1971 年生於河南省汝州市。1995 年鄭州大學經濟系畢業，經濟學學士。2010 年西藏民族大學中國哲學專業畢業，哲學碩士。2018年陝西師範大學中國哲學專業畢業，哲學博士。2010 年至今，在西藏民族大學文學院教學科研辦公室工作，科員。長期致力於易學和傳統占卜文化研究。曾在《西藏民族大學學報》《唐都學刊》等刊物發表《〈史記〉孔子序「彖象繫辭說卦文言」考辨》《〈易緯〉鄭玄釋「彖」疏證》《〈張載集・橫渠易說〉校注獻疑》等學術論文若干。

提　要

　　本書內容包括緒論和正文五章。緒論介紹研究目的和意義、選題背景、文獻綜述、研究方法等。第一章介紹張載和程頤的生平、學術歷程等。第二章比較張載和程頤易學觀的異同。分「論作易之人」「論易之為書」「論易之三義」「論理象氣數」「論學易、治易」「論治易宗旨」六個方面。第三章比較張載和程頤釋易體例的異同。對於張載的釋易體例，分卦主說、卦變說、爻位說、當位說、乘承比應說五個部分介紹。對於程頤的釋易體例，分成卦之

義、爻象體例、陰陽消長說、隨時取義說四個部分論述。第四章比較張載和程頤易學思想異同。其中張載的易學思想分為「太極說」「以虛氣釋三才」「釋三才之道」「釋『形而上者謂之道，形而下者謂之器』」「釋『一陰一陽之謂道』」「釋『窮理盡性至於命』」六個部分介紹。程頤的易學思想，分「釋三才」「釋三才之道」「釋『形而上者謂之道，形而下者謂之器』」「釋『一陰一陽之謂道』」「釋『窮理盡性至於命』」五個部分介紹。第二、三、四章是本書的主體。每章第一節為概述，分別簡介易學史上的易學觀、釋易體例以及易學思想等，第二節、第三節分別論述張載、程頤各自的易學觀、釋易體例以及易學思想。第四節為小結。第五章為本書的結論部分，總結張載和程頤各自的易學特點，及其對後世易學的影響。

目　次

第十三冊　《東坡易傳》與蘇軾思想研究

作者簡介

黃小珠，女，北京師範大學中國古代文學碩士、清華大學中國古代文學博士，曾在日本九州大學留學，曾任大阪大學研究員，現為上海交通大學人文學院長聘教軌助理教授，研究領域為唐宋文學與中日比較文學。先後在《文學評論》《清華大學學報》《江海學刊》《日本宋代文學學會報》等發表學術論文，參與翻譯《有皇帝的文學史──中國文學概說》（鳳凰出版社 2021 年）、《文本的密碼──社會語境中的宋代文學》（復旦大學出版社 2017 年）等著作。主持國家社會科學基金、上海市哲學社會科學基金、上海交通大學文科培育計劃基金等科研項目。

提　要

本文以《東坡易傳》為中心，考察蘇軾哲學思想和政治思想的若干問題。從歷史的視野來看，蘇軾對《周易》的闡釋與宋代儒學復興密切相關，體現出通經救弊、敢於疑古、勇於實踐的宋學精神。從具體內容來看，《東坡易傳》還包含了對荊公新學以及現實政治人事的反思與批判。基於此，筆者以通經致用的時代思潮為切入點，在整體上把握《東坡易傳》「上談性命、下述政理」的成書特徵的基礎上，進一步對此書涉及的重要理論問題、為政觀念、人事感懷等展開探討。

《東坡易傳》中的「道」雜糅王弼「以無為本」說和郭象的「崇有」論，呈現出一種自然主義的實用特徵。從此道論出發，蘇軾對「水」「性」「情」「理」

等概念皆做出獨特的闡釋，形成重人情之用、循自然理勢的哲學思想。

在總體把握《東坡易傳》理論思想的基礎上，本文圍繞君臣關係、止爭息亂、君子小人觀、幽人意象等論題，對蘇軾的具體人事觀念展開討論，並注重考查北宋社會政治環境對其思想產生的影響。《東坡易傳》強調建立一種以「信」為核心的君臣關係，與作者對北宋冗官冗員政治窘境的反思有關。《東坡易傳》提出「有黨必有爭」的觀點，是對北宋激烈黨爭的深刻反省，作者因此提倡以順人情、循公議的方式調停各派之爭。蘇軾還突破儒家嚴守君子小人之別的思想傳統，提出君子應當審時度勢對待小人，反對激化二者的矛盾。《東坡易傳》對《周易》「幽人」一詞的理解並沒有採用傳統的隱士說，而是將其解釋為「才全德厚隱約而不慍者」。這一解釋與蘇軾貶謫時期詩詞中的幽人意象有相通之處，是其貶謫心態的曲折反映。

此外，蘇軾在被貶黃州和嶺海時期，其天命觀念經歷了從「修身俟命」到「自立天命」的變化。這一變化與他對佛學「一念」和「平等」意識的融攝有關。蘇軾關於天命的思考還體現在他對「詩能窮人」等問題的理解。

目 次

第十四冊　朱震易學思想——《漢上易傳研究》

作者簡介

　　陳志淵，民國五十五年出生於高雄。台灣師範大學國文系、碩士班畢業，現任教桃園市立陽明高中國文科專任教師，美術班書法兼任教師。

　　就讀師大國文系期間以易理研究為主，著有《朱震漢上易傳研究》、〈桐

城方氏易學研究——《周易時論合編》初探〉。畢業後,勤習並研究黃庭堅、王鐸書藝,著有〈「寫意為書,韻勝為美」——黃山谷書風的時代性與個別性〉、〈黃山谷的狂草書風〉、〈王鐸幾件行草立軸書法辨偽考〉。

提　要

　　朱震字子發,北宋湖北荊門人,著有《漢上易傳》。

　　「朱震《漢上易傳》研究」全文共七章。第一章由史學層面,考證朱震的生平經歷與著作。次由學術層面研究《漢上易傳》的內容,及其易學傳統上的地位,見於本文第二、三、四章《漢上易傳》之易象學、易數學、易圖學研究,及第七章結論《漢上易傳》之評價;次則經由思想層面,研究朱震的思想型態及其義涵,這部分見於本文第一章朱震的政治思想、處事態度,及第五章朱震的天道思想、第六章朱震的人道思想。

　　朱震易學的憂患是:晉王弼盡去漢代易象數之學,援老莊玄學入易,造成「儒者專尚文辭,不復推原大傳,天人之道自是分裂」。故其學以象數為本,而象又先在於數,他提出「有是時必有是象」的主張。朱震思想乃是繼承程頤「體用一源」的觀念,會通邵雍、張載的氣化思想,開南宋裡學會通北宋理學之先河。其太極說及「中五」變化說,自形成一由太極自身開展而成的本體宇宙論思想,在易學哲學中,亦有其特色可言。

　　中國思想起於憂患,究天人之際,仍歸本於成就「內聖外王」之道。朱震以易理深醇而受薦經筵,本期以所學輔佐宋高宗,然終不免陷於宋朝長久以來的「君子小人」之爭,出處或為當世及傳史者議。惟清全祖望稱「然漢上之立身,則粹然真儒也」。

目　次

第十五冊　走向經典的意義之途——王弼《周易注》的當代詮釋

作者簡介

　　涂藍云，1983 年生，國立中央大學中國文學系文學博士，曾任國立臺東大學通識教育中心、輔英科技大學共同教育中心、慈惠醫護管理專科學校通識教育中心兼任講師，現為國立中央大學中國文學系兼任講師。研究專長為魏晉玄學、易學、中國經典詮釋與哲學詮釋學。

提　要

　　在中國傳統上,「經典」具有絕對的優先性,歷來學者皆從經典出發,透過注疏工作的進行,開顯出經典的意義。本論文由經典的優先性出發,清楚界定「經典」與「詮釋者」之間的主從關係為——「經典」為主、「詮釋者」為從,並自哲學詮釋學的視角,以呂格爾語義學路徑的詮釋學理論為基礎,藉由呂格爾定義下的象徵的多義性質、隱喻的作用、語境在詮釋時的重要性等,探究《易經》意義開顯背後的理論基礎與詮釋方式,歸結出詮釋者在進行《易經》詮釋時的三個進程。

　　本論文以上述的詮釋理論為基礎,對王弼《周易注》進行逐句說解,審視王弼《周易注》對《易經》意義的開顯進程、《周易注》所呈現出的意義內涵,並在思想史脈絡中破除了傳統上認為王弼「援老入易」的合理性——本論文以嚴格的方式審視此說,探究王弼是否將「援老入易」視為其解《易經》時的原則性方法?本論文最終指出,王弼以回歸《易傳》解經模式的方式,開顯出面對《易經》時屬於王弼的「《易經》的意義」。當中詮釋的偏重點在面對卦象時人事的應世或個人的自處,儒、道、《易傳》的相關觀念及語彙在《周易注》中乃為王弼為了解通《易經》這本卜筮之書時的工具性援用。王弼是在社會意義的層面使用了儒、道、《易傳》之概念與語彙,而非站在哲學的高度,將相關觀念視為解《易》時貫穿全書的問題意識,亦未對各家理論進行系統性的闡發。故統觀《周易注》,我們無法因此將王弼納入任一家派,也無法藉《周易注》而將其視為一具有核心問題意識的哲學家,王弼注《易》乃是以一名經典詮釋者的立場出發,開顯出其面對《易經》時的「不同的理解」。

目　次

第十六冊　干支與中醫：醫易學導論

作者簡介

　　程佩（1981～），男，河南鄭州人，歷史學博士，江西中醫藥大學中醫學副教授，碩士研究生導師。已出版學術專著兩部，主編教輔讀物一部，參編全國教材五部，發表論文二十餘篇，主持省級課題五項。近年來研究方向主要為周易術數、中醫史、宋史。

提　要

　　醫易學，是以易理闡發醫理，以易學匯通醫學的學說。隨著近代以來社會文化思潮和中西醫實力此消彼長，以陰陽五行、干支系統、卦氣學說等為基礎的醫易學逐漸退出歷史舞臺，至今未見明顯復興。本書作為江西中醫藥大學醫易學課程教材，經過作者多年編撰而完成。書中通過醫學、易學、哲學文獻對天干地支的天文學起源，干支曆法的具體規則，干支與陰陽五行、易卦系統的結合，干支所蘊含的正五行、真五行、納音五行以及五行四時旺

衰、五行十二長生運的來源辨析，探討其對醫易學的形成發展的影響，系統歸納了中醫運氣學的推步步驟，創新性地引入中醫命理學的最新研究成果。本書研究框架大體分為以下五個部分：中國古代天文學概述及由此引出的干支曆法知識；干支與陰陽五行、易卦系統的結合；正五行、真五行、納音五行與五行四時旺衰、五行十二長生運的相關概念問題；中醫運氣學基礎理論與臨床應用；個體出生時空結構與中醫體質、後天疾病的關聯。

目　次

第十七冊　從「名理」到「反玄」──論漢晉之際北地傅氏之家學與家風

作者簡介

　　武玥，一九九五年生於北京，求學台灣七載，本科畢業於私立輔仁大學中文系，碩士畢業於國立成功大學中國文學碩士班，期間曾發表〈探析曹丕的人格特質與轉變及其對詩歌創作的影響〉、〈《左傳》魯宣公、成公時期鄭宋外交策略之比較〉、〈「時間之囚人，空間之流放者」──論阮籍詩文中的時空意象與自我矛盾〉、〈《左傳》趙盾評議〉、〈從「孝悌」到「性善」──論《孟子》對舜之典範形象的建構意涵〉等單篇論文，主要研究方向為魏晉南北朝之文學、思想與文化。

提　要

　　北地傅氏家族自西漢至南北朝，綿延數代不絕，為累世仕宦之家，在政治、學術、社會文化各方面發生巨大變革的漢晉之際，北地傅氏迎來發展的鼎盛時期。在歷史記載中，漢晉之際北地傅氏族人，多以與玄學之士不協，站在其對立面，對其所產生之社會不良影響加以批評的形象出現。傅嘏以「校練名理」著稱，強調循名責實，糾浮華放誕，貶斥何晏黨徒；傅玄亦與何晏

有隙，且作《傅子》闡述宜鞏固儒學，反制玄學之主張；傅祗、傅咸並以匡正綱紀，抑制浮偽為務。足見漢晉之際北地傅氏一門，皆當朝務實有為之臣，實作為另一類「名士」之代表，以與眾不同之特質，興盛一時，在此獨特的家族文化之表現的背後，所體現出的家學家風取向，頗值得我們進一步探索。同時，漢晉之際北地傅氏，與同時期之北方大族，如穎川荀氏、河東裴氏、穎川鍾氏皆關係匪淺，因此從對北地傅氏在此時期的思想文化取向之分析中，或可折射出此時代一部分族群的共同取向，從而對魏晉之際的思想文化有更深入、全面的了解。

基於此，本論文先對北地傅氏家族之地望、世系、婚宦、交遊、著作各方面加以考證，充分了解北地傅氏之發展過程與家族特徵。其後以傅嘏之「名理」，與傅玄之「反玄」，作為切入點，又從二人之子傅祗、傅咸，及作為繼承者的傅宣、傅暢、傅敷、傅晞、傅纂、傅沖、傅詠等，《晉書》列傳十七之傅氏全傳所記載之人物的表現、言語，被史臣視為「諍臣」之剛簡的歷史形象中，論證家學家風的傳承。而以傅嘏、傅玄、傅祗與傅咸為主體設立三個主章節，此在思想上，分別對應曹魏名法之治、正始玄學興盛、及西晉玄學復甦而貴無派衍盛的不同階段；在政治上，則又分別對應魏末黨爭、西晉嬗代、西晉中後期門閥大族爭勢攬權的不同局面。如此結合四人面對不同政治環境、學術文化思潮，做出的反應，對他們所具有的思想、文化性格、行為方式之共性加以分析，最終推斷出漢晉之際北地傅氏家族，儒法兼綜的家學家風取向。

目　次

第十八冊　致良知與道德人格的生成

作者簡介

段重陽，男，1993 年 10 月生，陝西耀州人。西北大學歷史學學士（2015年），山東大學哲學碩士（2018 年），華東師範大學哲學博士（2022 年），現

為山東大學儒學高等研究院博士後。主要研究領域為宋明理學和現代新儒學，在《中國哲學史》《道德與文明》等期刊發表論文數篇。

提　要

　　王陽明針對朱子建立在反思—規範的道德意識中的工夫論，提出了以隨附性的道德意識為依據的「誠意說」，要求在當下一念的隨附性意識中就能夠直接地判別善惡，從而使為善去惡有著根本的明見性和驅動力。隨附性的道德意識之所以可能，就在於心體有著源初的道德感動和道德意識。當沉浸在源初的道德感動而來的一系列意識和行為之中而沒有產生絲毫偏差的話，此時作為分別善惡的隨附性的道德意識也就隱而不彰，「無善無惡」得以可能。

　　「良知本體」意味著一種整體性的人格存在和根本性的「能」，它能夠在具體的境遇中生成意識和行為，並在此意識和行為中顯現和改變著自身，即「人格生成」。陽明通過對「未發」和「已發」的辨析說明了「心體」和具體的意識行為之間的關係，即良知心體在所有或靜或動的具體的意識活動中顯現並生成著自身。「心體」作為人格存在，「天人合一」「萬物一體」表明了其理想的存在方式，並且在「立志」和「悟」中顯現出自身，促使著人格的整體性轉變和朝向此存在方式而生成自身。

　　在「天泉證道」中，錢德洪和王畿提出了依據不同的道德意識和行為生成理想的道德人格的不同路徑，即分別依靠隨附性的道德意識為善去惡而生成本體人格和依靠源初的道德意識進行道德實踐而生成本體人格，陽明以「本體工夫」統合了二者。陽明歿後，其學產生分化。王畿以「一念之微」深化了自己的工夫，雙江念庵的「歸寂收攝」和兩峰師泉的「悟性修命」則偏離了陽明的教法，其根源在於不能真實地理解和信任「見在良知」，這是因為沒有對「心體」的存在方式有著真實的理解，即不承認良知心體必須而且只能在具體的意識和行為中顯現自身並生成自身。

目　次

第十九、二十冊　枝條再榮：陽明學書籍世界的研究

作者簡介

　　向輝（1980～），男，湖北鶴峰人，博士，研究館員。先後在中央民族大學、北京大學和北京師範大學完成本科、碩士和博士教育。著有《王陽明的教化哲學研究：以敬為中心》《采采榮木：中國古典書目與現代版本之學》等書。在《版本目錄學研究》《國學季刊》《新經學》《國家圖書館館刊》《民族文學研究》《社會理論學報》等刊物發表論文 50 餘篇。

提　要

　　書籍是學術傳播的依憑，學術是思想成立的基石。陽明學產生和闡釋，離不開書籍的生產與學術的創造。作為古典學術組成部分的陽明學，何以可能？又如何可能？其歷史義蘊就在書籍編纂、歷史文化和學術思想所構成的書籍世界之中。本書聚焦陽明的書籍世界，從古典學的視域對陽明學展開學術的思考；圍繞「陽明學何以成為陽明學」這一根本問題，在書籍史的範疇內對王陽明的思想世界展開學術討論。

　　陽明學的書籍史研究，是以歷史的書籍為依據，追尋陽明思想世界的一種嘗試。書籍世界的考察，不僅關係到讀書人的陽明及其學人的歷史定位，關係到心學的衍傳脈絡，關係到明代的文化發展，更關係到知識的生產、傳

播和文化的傳承。

　　本書從陽明格竹公案、陽明傳奇敘事、嘉靖本《傳習錄》、嘉靖本《居夷集》、嘉靖本《陽明年譜》、嘉靖本《陽明文粹》等個案出發，圖繪出書籍世界中的陽明形象。本書細緻考辨了陽明思想在書籍世界的展開及其內涵，釐清了陽明學書籍世界的基本脈絡及其主要特點，梳理了陽明書籍世界的古典學意涵，並以此指出了作為古典學術的陽明學之可能主題及其價值。

目　次

上　冊

第二一、二二冊　陳澧學術思想研究

作者簡介

　　唐瑤曦，湖南長沙人。2002 年畢業於湖南師範大學中文系，獲文學學士學位。2005 年畢業於華南師範大學中文系，獲文學碩士學位。2014～2018 年，跟隨華南師範大學嶺南文化研究中心左鵬軍教授攻讀博士學位，從事晚清、近代嶺南文化研究。2018 年 7 月博士畢業，任教於韓山師範學院中文系。「東塾學派與近代嶺南學術轉型研究」課題，獲批 2020 年國家社科基金一般項目。

提　要

　　陳澧（1810～1882），廣東番禺人，字蘭甫，號東塾，晚清嶺南著名學者。陳澧著述繁富，《東塾讀書記》最為人稱道。《東塾讀書記》刻本，以諸經論為主，兼及諸子學、鄭學、朱子學、小學。其餘通論學術部分，題曰《東塾雜俎》，上世紀四十年代刊刻成書。

　　本書以《東塾讀書記》、《東塾雜俎》等著述為研究對象，探論陳澧學術思想。緒論述評前人研究。正文凡九章。第一章以本人知見陳澧著述刊刻版本，補前人作陳澧著述考略、訂補之闕。第二章、第三章論乾嘉漢學、晚清樸學、學海堂學風對陳澧的薰陶，追溯戴震、阮元學術觀念對他的影響，探論《東塾讀書記》著述與世風關係。

　　第五章探尋陳澧《東塾讀書記》、《東塾雜俎》諸經論、歷代學術論。陳澧對十三經諸經論析，可視為晚清樸儒對二千餘年諸經重要問題的總結。《東塾雜俎》論析二千餘年學術史，實為中國第一部經學史。

　　第六章、第七章探論陳澧經今古文觀、讖緯觀、禮學觀，論析他的諸子論、鄭學、朱子學、小學觀。陳澧以治古文經為主，於經今文平允視之。於讖緯問題，注意兩漢風氣變化，揭示漢儒以緯注經的原因。論禮，亦有其獨特價值和現實意義。陳澧重視先秦諸子研究，析論儒、法、道、墨等八家。尤重鄭學、朱子學，揭示它們一脈相承的內在學理，亦有溝通、彌合漢宋意圖。小學為陳澧學術根柢之所在，既受乾嘉漢學諸儒影響，亦可窺對乾嘉小

學皓首窮經的反思。

　　第八章從學術劄記體裁角度，闡述《東塾讀書記》、《東塾雜俎》的寫作運思對王應麟《困學紀聞》、黃震《黃氏日鈔》、顧炎武《日知錄》的汲取與借鑒，揭示其作為晚清經學通史開創之作的學術史意義。《東塾讀書記》、《東塾雜俎》的出現，具有承上啟下關鍵作用，使晚清學者經學史的著述，完成從傳統筆記體向現代史學著述方式的轉變。第九章以陳澧生前手定《東塾集》為研究對象，探論陳澧對嶺南深刻的地域、情感認同。

　　陳澧以《東塾讀書記》、《東塾雜俎》的著述，回顧二千餘年經學歷史，展現經學源流、正變得失，思考歷代重要學術現象與人物，對中國傳統學術做出精闢、深刻的總結。在晚清特殊歷史節點，臨中西、古今激烈文化碰撞，陳澧以不變應萬變，以融通的姿態堅守，他的文化與學術抉擇，具有永久的典範意義和價值。

目　次

第二三冊　儒家倫理的堅守、批判與創造性轉化──韋政通倫理思想研究

作者簡介

　　劉君莉，女，河南長垣人，1980 年 8 月 9 日出生，中國人民大學哲學博士，上海師範大學馬克思主義學院副教授，上海殯葬文化研究中心特約編輯。主要研究方向：中國傳統倫理學，中國近現代倫理學，中西倫理比較。先後在《哲學與文化》《思想與文化》等權威和核心刊物發表論文 16 篇；出版專著 2 部，主持國家社科基金一般項目「儒家倫理的現代困境及其轉型路徑研究」（20BZX074），多次應邀參加國內、國際學術研討會。工作期間先後榮獲「省優秀黨員」「省優秀教師」「省教學標兵」「省教學技能大賽一等獎」等榮譽。「羅國傑倫理學教育基金一等獎」獲得者。

提　要

　　儒家倫理是中國傳統文化精神、思想的核心與靈魂，對中國傳統影響「且深且巨」，但在五四運動以後，隨著西方文化的侵入，儒家成了批判的主要對象。從陳獨秀提出「孔子之道與現代生活」如同「水火之不相容、南北之不相併」到胡適提出「我們必須承認自己百事不如人」；從李大釗的「封閉、焚毀、葬諸墳墓、陳死人之歷史」到美國著名學者約瑟夫・列文森視孔子與傳統價值為「博

物館裏的陳列品」；儒家倫理遭遇前所未有的困境與挑戰。儒家倫理思想在現代社會之價值何在？還能發揮何種作用？如何回應挑戰並重建傳統儒家倫理？這是每位關心中國文化前途命運的學者始終探索的問題。韋政通先生自覺地意識到了中國思想界這種「首要的困惑與危機意識」，並始終「帶著中國的實際」去思考如何既能保存中國傳統文化的精華，同時吸收西方先進文化的要義，從而為暫時「失語」的中國文化與倫理尋求新的發展道路。

異樣的人生經歷與學思歷程使得韋政通自覺關注儒家倫理現代轉型問題的同時又有著自己獨特的研究路徑。縱觀韋政通整個倫理思想發展，他首先是深入傳統、尋求認同、直達心魂；然後跳出傳統、兩面攝取、雙向批判；最後是創造轉化、探尋出路、指向未來，最終實現以現代為視角進行「現代而又中國」的出路探尋。其思路是一種「認同（深入）—批判—展望」模式。構建出一套異於他人又具有現代化特色的儒家倫理轉型體系：儒家倫理現代轉換與重建的基礎是將抽象性、靜態性、封閉性的傳統人性觀轉變成動態、開放的人性觀；儒家倫理現代重建的核心是以「中國本位的中西互為體用」為前提，復興中國文化根亥的同時引進西方的道德理念，加強道德規範的重建；儒家倫理現代重建的關鍵是在中西倫理架構中構建「自由人倫理」。儒家倫理的現代重建旨歸於道德人格的塑造和生活化的儒家。他關於中國倫理文化的重建構想有著更為全面的考量，其倫理思想是切入儒家倫理困境及轉型問題研究的重要門徑。

目 次

第二四、二五冊　宗白華生命美學思想研究

作者簡介

　　莫凡妮，女，漢族，祖籍湖南邵陽，1989 年出生於廣西桂林，2021 年於北京大學中國語言文學系獲得文藝美學方向博士學位，並於 2022 年進入加拿大多倫多大學比較文學系從事博士後研究工作，研究方向為生命美學的探索。興趣廣泛，尤其熱愛文學藝術，在北京大學就讀期間，曾擔任《漢苑》雜誌主編，並且持續為北京大學百週年紀念講堂撰寫電影與文藝評論，多次被北京大學會議中心評為優秀記者。

提　要

宗白華（1897～1986）是我國近現代著名美學家，他與朱光潛被並稱為中國近現代「美學的雙峰」。宗白華對美學在中國的發展做出了卓越的貢獻，他不僅將西方美學、藝術學等著作翻譯介紹到中國，還首先提出了「中國藝術精神」和「中國美學」等範疇並進行初步構建。

本書選取「生命美學」的角度進入宗白華的學術思想與生活，不僅因為對生命的追問本來就是哲學最古老的話題之一，更因為無論從宗白華的人生經歷中還是從他的學術生涯裏，對「生命」的發現與讚頌，始終是一條主線——在偉大的文學與藝術作品中，在大自然的運作和本真的生活中，宗白華處處發現了「生命」的痕跡，凡是充滿了生命之天真、活力、真誠、愛力、情感等因素都受到宗白華的熱情讚揚，並且宗白華將表現生命的多寡作為評價文學與藝術的重要標準。宗白華一生的學術實踐隨著具體的社會歷史條件不斷變動擴展，但他對「生命」的探索與讚美是不變的，如在《歌德之人生啟示》和《論〈世說新語〉和晉人的美》兩篇文章中，宗白華兩次清晰地界定過「生命本體」。

圍繞「生命美學」的主題，本書採用社會史和思想史的研究方法，將宗白華一生的學術實踐明確劃分為四個不同時期：生命美學的萌芽期（1913～1920），生命美學的建立期（1920～1932），生命美學的民族化時期（1932～1952）和生命美學的深化期（1952～1986）。相較於前人對宗白華學術分期的簡單化和粗略化的傾向，本書力求將分期問題明確化，不僅提出了起止年份，還說明了劃分的原因，主要的依據是宗白華在不同時期發表文章所突出的不同重心。宗白華的人生追求與學術研究雖然在各個時期呈現出不同風格，但並不存在斷裂式的分界或轉換，其始終都指向中華民族生命的拯救與復興。

目　次

上　冊

第二六冊　根據《相應部經》探尋佛陀的思想精華—— 與《雜阿含經》比勘

作者簡介

　　鄧黃雪恒（DANG HUYNH TUYET HANG），三寶弟子，法名蓮慶，1977年出生於越南南方，1997年出家。2014年～2016年在廣西師範大學攻讀外國哲學專業碩士學位，師從吳全蘭教授，獲得哲學碩士學位。2016年～2019年在四川大學攻讀宗教學專業博士學位，師從段玉明教授，獲得哲學博士學位。現任教於越南胡志明佛教大學中文系，近年來主要致力於南傳佛教和原始佛教經典的研究。

提　要

　　在佛教還沒有分開成兩個系統——大眾部系統和上座部系統，乃至還沒有跨入部派佛教之前，是否曾有一個《古代大藏經》流行在原始佛教時期，得到全部佛教界的持誦，吸引了越來越多的學者的注意力。《相應部經》和《雜阿含經》作為較為原始的佛教經典，幾十年來因之得到了各界學者廣泛的研究。

　　德國學者溫德尼茲（M.Winternitz）在《印度文學史》（A History of Indian Literature）中，首先提到了「古代大藏經」的概念。這個提法得到法國東方文化研究專家安德烈・巴羅（André Bareau）的認同，開啟了學界多方面加以論證的努力，比如越南學者釋明珠的博士論文（1961 年）的《中部經和中阿含經的對照》（The Chinese Madhyama Agama and the Pali Majjhima Nikaya: A comparative study），在明珠法師的論文裏，還提及了一些德國、日本學者的相關作品。在研究方法上，他們都和明珠法師一樣採取了南北傳佛教經典對照的思路。

　　1923 年，中國學者呂澂在《雜阿含經刊定記》一文中表示，他在研究《瑜伽師地論》時，發現長阿含、中阿含、增一阿含經是從《雜阿含經》編輯出來的。後來，印順法師在研究《大智度論》時，也有同樣的發現。1994 年，印順法師在《雜阿含經論會編》中，對照《雜阿含經》和《相應部經》，揭示出這兩部經都是屬於上座部系的，甚至指出了它們編輯次第的共同性。由此以還，通過對照研究兩部經典尋找《古代大藏經》的學術進路，便逐漸成為學者的主要取徑。

　　無論是《相應部經》還是《雜阿含經》，都只是上座部系的頌本。流行於佛教還沒有分成兩部（兩個系統）之前的所謂《古代大藏經》，迄今為止還沒有真正找到。今天的《相應部經》／《雜阿含經》，內容分為三大部分：經（Sutra），偈（Geya），記說（Veyyākaraṇa）。Veyyākaraṇa 是用來解釋 Sutra 和 Geya，而現在的 Sutra 和 Geya，已有「編輯有失、後人編輯、多餘的編輯、外道破壞」等等的影響，所以想找出什麼是真正的佛陀原義——或叫「佛法中的精華」，在《相應部經》與《雜阿含經》的比勘研究中還有很多事可做的。

　　越南繼承了兩個重要的佛教傳統，即南傳佛教和北傳佛教。意味著作為一個越南人，必須面對兩種不同的佛教傳統。而兩種傳統對佛法的解釋分歧很大，是否有一個共同發端的原始佛法，對筆者來說自然更有興趣。本文在

前人研究的基礎上，「以佛法義理來審定佛教經典」，用「佛法的精華」作為標準估計、審查《相應部經》，看看它有多少經文符合「佛法的精華」。本文選擇了十個標準，對《相應部經》內的五篇、五十六章（相應）、每一品、每一首經一一加以審訂，其結果是符合「佛法的精華」的不太多，「編輯有失」的非常多，「後人編輯、多餘編輯」的最多，「外道破壞」的有幾個。審訂以後，本文將尋出的「佛法的精華」連貫起來有一個綜合的介紹——不是統括全部經本，只是「佛法的精華」的介紹而已。雖然還不能提供一個完整的《古代大藏經》，但經本人的努力，原始佛教時期的佛教精義應該有了更為明晰的輪廓，將可推動人們更為準確地認識和理解早期佛教。

目　次

第二七冊　佛教莊子學

作者簡介

　　韓煥忠（1970～），男，山東曹縣人，哲學博士，現為蘇州大學哲學系教授，宗教學專業博士生導師，兼任蘇州大學宗教研究所所長、江蘇戒幢佛學研究所副所長、蘇州青蓮生活禪研究院院長等職，出版有《天台判教論》《華嚴判教論》《佛教四書學》《儒佛交涉論》等著作，並在相關刊物上發表學術論文 150 多篇。

提　要

　　所謂佛教莊子學，就是高僧大德引用、評論、注釋、疏解《莊子》所形成的一門學問。早在魏晉南北朝，佛教借助《莊子》的滋養，在中土實現了落地生根。降而至於隋唐，佛教一方面在終極意義上否定了《莊子》，另一方面又從化世導俗的角度肯定了《莊子》。宋元時期，佛教禪宗為人們理解《莊子》提供了一個新的理論參照系統。明清以來，高僧大德運用佛教的名相、概念、術語和思維方式注疏和解釋《莊子》，使《莊子》成為儒道佛三家融通的經典文本。到了近代，佛教與《莊子》的相互詮釋則為人們準確把握這兩種思想體系提供了方便。作為佛道兩家視界融合的產物，佛教莊子學既體現了中國佛教圓融會通的精神品格，又展示了《莊子》多姿多彩的思想內涵，非常有利於人們理解《莊子》思想、佛教中國化、儒道佛三教關係等重大學術問題。

目　次

第二八冊　中古時期月光童子信仰研究

作者簡介

　　武紹衛，男，山東人，1989 年生，首都師範大學歷史學博士，現任山東大學歷史文化學院助理研究員。在《中國史研究》、《文獻》、《敦煌寫本研究年報》（日本）、《敦煌學》（臺灣）等刊物發表論文十餘篇，參與出版《當代中國敦煌學研究（1949～2019）》、《英藏敦煌社會歷史文獻釋錄》第 14～18 卷。

提　要

　　本書主要以中國漢文佛教疑偽經所見月光童子信仰經典為主要研究對象，結合相關傳世文獻，對流傳在中古時期的月光童子信仰進行全面、系統和深入的梳理。全文主體部分分為上下兩編：

　　上編四章，主要圍繞月光童子信仰展開：

　　第一章從整體上梳理了月光童子形象自傳入中土以至興盛成為上至皇權、下至黎民共同尊奉的神靈，再到衰落泯滅的歷史過程，努力將月光童子諸多形象的共時性存在與歷時性轉變一一勾勒出來。

　　第二章對《申日經》、《德護長者經》相關內容及支遁、習鑿齒等人信件進行考察，認為月光童子轉生中國的信仰可能是有其梵文本或西域文本的根據，並不一定必然是中國本土的造作。

　　第三章擇取了《法滅盡經》以說明月光童子轉生中國的依據，對《首羅比丘經》、《清淨法行經》等偽經的分析，則嘗試梳理清楚月光童子在以偽經造作者為代表的下層信眾中的形象。

　　第四章為餘論，主要對月光童子信仰在中古時期興盛及衰落原因進行一

些分析和探討，藉以考察了譯經、偽經、信仰、民眾與皇權等眾多元素間的複雜互動關係。

下編四章，主要圍繞與月光童子信仰的經典進行文獻學等方面的研究：

第一章討論《高僧傳》和《弘明集》中收錄的《與釋道安書》。《與釋道安書》是反映東晉南朝時期月光童子信仰的重要文獻，本章主要梳理了信件版本、流傳與演變，以及反映的月光童子信仰在東晉時期的傳播與發展。

第二章討論《普賢菩薩說此證明經》的經本結構。該經是隋唐時期月光童子信仰發展的重要載體，通過本章基本廓清了該經在流傳過程中發生的演變。

第三章討論《佛說證香火本因經第二》的造作年代。這部經是《普賢菩薩說此證明經》的第二部分，其形成背景與隋唐早期的政教關係發展有密切關聯。

第四章討論《首羅比丘經》中的「化城」觀念。「化城」是偽經中的一個重要概念，在月光童子信仰中具有終極符號的象徵意義，本章梳理了這種觀念的源流與發展。

目 次

第二九冊　中國禪宗思想遭變研究──以《六祖壇經》爲中心

作者簡介

　　王慧儀，籍貫廣東順德，香港樹仁大學中文系畢業，在新亞研究所完成碩士、博士學位。主要研習中國文化及思想史，以禪宗《六祖壇經》作爲研究入路，〈敦煌本《六祖壇經》心性思想研究〉、〈中國禪宗思想遭變研究──以《六祖壇經》爲中心〉分別爲碩、博士論文。

提　要

　　本書內容，主要通過《六祖壇經》的不同版本，探研中國禪宗思想的遭變。因此，本書對《壇經》的「敦煌本」、「惠昕本」、「契嵩本」、「宗寶本」的異同，既有整體遭變的探討，也有各種版本特殊性的比較，同時對中國禪宗思想的定位，也有具體的析論。至於陳寅恪先生（1890～1969）提及禪宗與「三論宗」的關係，書中也有討論，應有助於了解禪宗思想的發展脈絡，切合本書撰作的題旨。書中對《壇經》的整體探討涉及幾方面，如從簡到繁、從出世轉入世、從無相至有相、從唐到宋的過渡；至於各版本異同的析論，有：心性之學（敦煌本）、守護禪宗（惠昕本、宗寶本）、立禪宗正統及會通儒家思想（契嵩本）；而於「敦煌本」觸及中國文化「道樞」的中心點，則作強調說明。

目　次

第三十冊 現代性議題的佛學解析

作者簡介

鄧子美，1951 年生，江蘇無錫人。江南大學法學院教授兼任四川大學宗教學專業博士生導師，係江南大學宗教社會學研究所創辦人、中國宗教學會理事、中國社會學會社會思想史專業委員會理事。以中國傳統文化的現代轉

型為主要研究領域，出版專著 10 餘部，發表論文數百篇，代表作有《傳統佛教與中國近代化》、《二十世紀中國佛教》、《超越與順應：宗教社會學視野下的佛教》、《當代人間佛教傳燈錄》與太虛、星雲兩位法師的大型傳記等，以近現代佛教研究、運用社會學理論研究佛教知名海內外。

提 要

　　現代性乃社會學的核心議題，佛學界對此的關注極為不足。雖然在東亞也曾召開多次有關現代化的佛學研討會，但這僅關乎現代性的表象。東南亞佛教學者與西方學者之間也有關於現代性的可貴對話，但近年似走向沈寂。因此，本書或為集中討論此議題的難得個人佛學專著。自 20 世紀 80 年代始，海峽兩岸引進與借鑒西方現代宗教社會學理論與方法以研究佛教的論著眾多，而且幾乎每一種權威性理論在漢語學術界都有介紹與借用，拙著《超越與順應：現代宗教社會學觀照下的佛教》（北京：中國社會科學出版社，2004）亦為其一。然而，西方學術思想尤其是其中富含的智慧，需要曾被封閉的東方學者逐步消化吸收，全球性議題更需要東、西方學術界對話，以加深彼此理解。為此，本書即依據佛學，對知識與智慧、人性、超越性、頓悟與漸悟、命運、教育與教化等命題分別作了解構、分析與闡釋、評論，雖採用最近幾年發表論文結集形式出版，但亦可稱為立足佛學的第一部知識社會學專著，且篇篇有新意，如闡明具有超越性智慧才是人類與其他物種的根本區別，智慧是發現與創造知識的不竭源泉，知識是智慧運用的珍貴結晶，且能驗證與存錄；提出如欲走出現代性困境，關愛下一代的母親與教師乃最有可能的兩個擔綱群體。

目 次

荀子生命教育思想研究（上）

李欣霖　著

作者簡介

李欣霖博士，才智兼具，篤志勤學，術業有專攻。治學嚴謹而不拘泥，思辨敏捷而不逾越；加之有豐碩的國學與西方哲學思考，所為論文，除能參酌本國古今碩學論著外，更能融入西方學術思維，故能舊裡開新，發古人心聲。其治學用功，對於中國宗教儒道釋哲理、輔導療癒、生命教育等課程，都是其學術專長。作者又兼有宗教實際修練，有多方面的著作與經典教學等，經驗豐厚，其著作都獲得了外界的肯定與讚賞。作者也修得哲學與宗教雙博士學位與雙碩士學位，其學術能力值得肯定。

提　要

　　荀子以儒家傳承為基礎，集先秦思想的大成，對百家學說審察與回應，展其開生命教育思想。其學說綜合的前人理論，擺脫「天命」的迷思，強調以人為本位，回歸理性思維，闡顯儒者生命學問思想。在戰國末期是社會變革的重要時期，諸子百家對於如何治理民生、關懷社會、統一國家等方面，紛紛提出了自己的觀點，荀子也要對時代有所回應，故從現象發展來觀察，他看到了人性有趨惡的可能，因此需要將禮法來進行改造，創造性地提出「化性起偽」、「隆禮重法」、積習等生命教育思想。荀子以大清明心的生命豁醒，提出禮─心─理的範疇論述，理性地闡論以人為本的自由，一個充實飽滿禮理的人文理想世界。本文主要採「視域融合」詮釋方法，引古今、中西、內外、天人等觀點，及其歷史與時代「互為主體」的理論，對天地、先祖、君師等的本原探求及法先後王為目標考察，建構其內外兼治的思想，同時也對儒學提供了合理性的教育方向，而「二千年來，皆荀學也」亦知荀子理論的影響，廣大而深遠。本論闡顯現代學術與之對話，重新開出荀子生命教育及多元化關懷。架構中乃包括了荀學中的哲學、社會、自然、教育、養生、輔導及宗教……等面向，將其生命學問涵融一體，在各面向的探論中，以期開展荀子生命教育的實質內涵和理論價值，建立新荀學的視域。

目

次

第一章 緒 論

　　荀子（313～238BC）回顧過去先王的道統，展開聖人治世的實踐，要為人類提一套實用的教育思想，成為傳世典範的常經。荀子以儒者生命的理想，把人民、社會、宇宙做為關懷的對象，以其禮學為生命教育核心，在人生現象、生命、倫理、生活、養生、宗教等文化之間，展開儒學的經驗性、客觀性與實用性思想，其重在以生命為關懷，進而要為世界開創新局，若從廣義生命教育的角度而言，其實就是一套生命教育觀。本文從動機與目的，文獻回顧與評述、研究方法的運用、研究進行之步驟、預期之創見或貢獻等項目，進行荀子生命教育的研究論述。

第一節　研究動機與目的

　　荀子生命教育的重心是生命道德的養成，以此德行而能符合人生義理，挺立在天地之間，並為整個人類樹立品格的修為，導向正理平治的世界。荀子自五十而起，駐足在先王德澤遠去，大道的訊息杳無蹤跡，觸目皆是戰亂、破敗與流離不堪的時代，為了理想而走上求道之路，要使人們能對道有合理的瞭解，他立志要以禮為治，去架設美好的社會藍圖，為儒家開發另一套「生命的學問」〔註1〕，以禮為教的生命教育，要讓人民和國家在人生實踐和歷史

〔註1〕「生命的學問」一詞見於牟宗三（1909～1995），現代學者亦頗能接受，漸成為流行。筆者即以牟先生「生命的學問」之核心精神，結合「生命教育」的理論，乃展開荀子禮學及其生命教育思想。參見牟宗三：《生命的學問》（台北：三民書局，2004 年 6 月），頁 37。

發展中得到「天生人成」的文明理想，這樣的理想可以為後來所繼續承傳與開展。

筆者由於長久以來所關心的，皆是屬於孔孟路線之「天人合一」觀，然這樣的思潮，常常將荀子系統給予忽視，在儒學的認知上，也不完全接受「天人之分」的思維模式，是以荀子體系常被吾人預設性的排除，這是時潮的學風使然？或是心性見解的偏見？或新儒家的文化導向？故在儒學的學習上總是缺少了的一環（或隱射到所謂「伊川朱子系」之說），為了整體儒學的瞭解，筆者選擇荀子來研究，期能補足本身對儒學系統的不足，此乃動機之一。

荀子對整體儒學的貢獻，不可謂不大，其在生命教育上有了實質建構，此乃繼承孔孟的心志，又進一步的演化，其學說的確為後來的歷史帶來莫大的影響，譚嗣同說：「二千年來，皆荀學也。」〔註2〕此說是本為貶之，然而卻適足以捧之。現代學者們肯定荀子在學術上的重大意義，紛紛提出各人見解於其著作之中，皆不失詮釋荀學特有的見解面向，正如黃俊傑所說：「經典與讀經者之間是一種浸透身心的、整體的、『不可須臾離也』的互滲關係。」〔註3〕這種「互為主體性」的關係，啟發筆者另一種詮釋面向，即「生命與歷史」之間，是否可以構成一種互為主體的關係？生命是一種獨立的存在，而歷史是否也可以成為「主體」的存在？歷史提供了「聖人」生命的標準，人是否可以依荀子的示意走向此目標？在儒家的道德主體與天人合德之下，歷史給予他無比的重擔，但他仍須為時代建構出一套儒家的生命之學，以符應當時的社會需求。他以一己之能，有的只有使命及儒學的內在本質，他的目的是在能夠上承周、孔，關懷到儒家所遇到的種種生命問題，對當時儒家的歷史意識，自我覺醒地掌握及對歷史的瞭解，也正進行著「人與歷史」的主體滲透，期待的詮釋開出新的禮生命教育架構。筆者期望能以此路線探論荀學中聖人的生命教育，為本文研究的第二個動機。

荀子從古聖先賢的經驗，在天地人的架構下，涵蘊了人類的供需授受，受著「道」的薰習，中華文化總是那樣密不可分，有本有源的相續不絕，是一

〔註2〕譚嗣同著，蔡尚思編：《譚嗣同全集》（北京：中華書局，1981年3月），頁335。

〔註3〕黃俊傑：〈儒家論述中的歷史敘述與普遍理則〉，收入氏著主編：《中國經典詮釋傳統（一）通論篇》（台北：臺大出版中心，2006年2月），頁423。

個深層的、廣大的、牽一髮而動全身的整體，所有的問題都能從裡面找到答案，答案早就存在歷史中，但是打開答案，尚需要一付解鎖的密碼。荀子的理想，正通過聖人制定的「禮義」，來提供一條安頓身心、正理平治的大道。他以「天人之分」的詮釋路線——也就是人能參天、以心養性的模式，讓儒學對歷史世界有所理解，就是後王理想的呈現，在「我與聖王」之間。他承襲孔子「天之未喪斯文」，及孟子「雖千萬人吾往矣」的精神，主張敬先王而法後王。聖人制禮義以治亂，聖人不可得而見，荀子告訴人要積漸努力，強調聖人之性又與常人相同，而聖人能制禮義，乃依據大清明之心，自有歷史以來就有聖王，社會就流傳的禮樂的教化，聖王來自於歷史，歷史就是一根源的實體。荀子為聖人立言，則其「天生人成」、「化性起偽」、「虛壹而靜」、「正理平治」等理論，在今日看來，荀子儒學必有開新之運用，而為人類社會帶來理想的世界，也是本文研究的第三個動機。

　　荀子的求道、體道、致道之路，就是不斷地觀察現象，以及體驗真實。道讓他的思想不斷擴充，他已洞燭到社會的每一個角落，他一生的奮鬥已開發出，比孔孟更廣大的視野，筆者以現代學術的研究精神與方法，期望能為荀子─《荀子》─荀學，這一相連範疇的教育思想，帶來落實其儒學生命教育的價值，正是後人必須重視的教育概念。

　　清儒以來舊學問紛紛重新詮釋，也已經意味著儒家的教育觀進入「現代新荀學」的時代。即以人的天生的特質，經由後天不斷地積習而開發禮與生命的教育觀，但由於政治詭譎多變，這樣的文化圖像一直無法明朗呈現。後又經過新儒家的再次詮釋，以及西方民主科學的強勢介入，由儒學已然邁向新潮流的脈絡，從整個社會現實、文化生態的具體走向，乃是人要不斷以積習為進程方向，並且一直延續到下去。劉又銘曾提「當代新荀學」的口號，認為這是個事實的存在，而且更積極有意義的，並指出：「是充分認識到自己的正當性和重要性，積極地跟現實對話，積極地參與當代中國文化、學術、政治、社會的『當代新荀學』。」〔註4〕筆者承續劉又銘先生所提「隱性荀學」及「當代新荀學」的呼籲路線，並運用生命教育的議頭，闡述荀子在禮的生命教育上，對於現代人有其新的詮釋與應用，並期待本文能將荀學發揚光大。

〔註 4〕劉又銘：〈論荀子的哲學典範及其流變〉，「荀子研究的回顧與開創」國際學術研討會（雲林：雲林科技大學，2006 年 2 月 17～18 日）。

第二節　文獻回顧與評述

荀子生命教育觀點牽連著各個文化面向來，從近現代以來，已有學者紛紛投入「荀學」的詮釋與建構，也有越來越多的學者重視荀子在現代的重要性，而且提出新的解見與看法，進而有發明的論述。在尊荀與排荀的歷史淘洗下，當代的荀子已然擺脫負面批判的對象，其影響已經成為不但開發出儒學的外王視域，也在生命的教育上提供完善的建構，特別是生命教育傳到華人的社會後，逐漸發展結合傳統思想，並與倫理學、社會學、心理學、環境科學、養生保健⋯⋯等交涉，目前並著重於中小學實務的應用學科，以啟發智慧、尊重生命為主要訴求，改善現代人生命廣度、深度與高度的討探，經由現代詮釋的研究，荀子的禮思想更受到時代的需求與矚目，茲將所運用的文獻，列舉要項說明：

（一）從注解文本的回顧。今人王天海的《荀子校釋》〔註5〕，是目前蒐集前人有關《荀子》注釋資料等最為完善的版本。其校擇諸書之精要，又加以詳考，擇善而錄，補其疏失，正其譌誤，更提出新說。更可貴者是加入日本學者物雙、冢田虎、久保愛⋯⋯等十四家的注本，將《荀子》久懸未決之疑處予以釋解，又補其空白，正其音讀，正誤之間皆予是判釋，可謂學思廣博，旨精義妙，給予文本一新之耳目的作用。作者述：「重新對荀書進行整理、校釋，上承王先謙集解，下啟未來，使之成為新世紀《荀子》整理的創新之作。」〔註6〕作者的作學工夫紮實人感佩，故徐復稱本書有「勤校讎、稽雅訓、考通假、明代語」〔註7〕四大特色，對於古人用語之考釋上，反復比對、博覽諸書，其用力甚深而根柢甚厚也由此見，唯作者可能礙於篇幅，對於荀子思想義理的論述稍嫌薄弱。然此書的出版給予筆者在《荀子》文本的研讀上，有了更上一層樓視野，本論文《荀子》的內文以此版本為主要文本，論述上則兼採其它注本的說法。

唐代楊倞為《荀子》作注，其《荀子》乃是最早的詮注，故前人研究《荀子》都必參考楊注，是研究荀學的重要工具。集楊倞等前人的注解，王先謙（1842～1917）的《荀子集解》〔註8〕一書，則對荀子思想亦有了大大的發揮。

〔註5〕王天海：《荀子校釋》上下冊（上海：上海古籍出版社，2009年10月）。
〔註6〕王天海：《荀子校釋》上冊（上海：上海古籍出版社，2009年10月），頁13。
〔註7〕徐復的序，參考王天海：《荀子校釋》（上海：上海古籍出版社，2009年10月）序頁1～3。
〔註8〕王先謙集解：《荀子集解》（北京：中華書局，2013年4月）。

對於前儒所評論荀子的好惡之詞，他認為學者還能崇尚其思想，只是注家們未能盡善，去取之間也多有疏舛，故王先謙對荀學的抉發，一方面對前儒的疏漏加以補足，再者也為荀學體系釐正出清楚的輪廓，影響後世學者至深。故王先謙於荀學或荀學之於王先謙，實有水乳交融，互感互證的意義，兩種注本的合編，可以說是研究荀子的善本。

　　梁啟雄的《荀子柬釋》〔註9〕揀擇王本《集解》精華，去繁雜而得求原旨，又增益《集解》的不足，旁及日本諸學者的見解，若文本中先儒所未詳者，又能自力詳注，精而能約，可謂詞理貫達，後又認為「柬釋」之義難識，又更名為「簡釋」，故名為《荀子簡釋》，而此書注釋也見其簡易、簡明、簡要的作用。李滌生以《荀子集釋》一書，對於《集解》、《簡釋》二書義理難明者，而能發明其旨，可謂能補《集解》的不明處，考察詳定，徵引繁博。北大哲學系的《荀子新注》〔註10〕，以《荀子集解》為底本，並吸收前人研究成果，並加入當代學者的新的見解，內容明白曉暢，言語簡白，非常適合初研讀《荀子》者。又其書在校勘上花了很大功夫，又對每篇說明、注釋，並對各篇的基本內容作了簡要的介紹和分析與評論，可謂是《荀子》注本上的佳作。

　　（二）從禮學角度的文本回顧。學者大致肯認，如果將孔子思想的核心定為「仁」，孟子思想核心則是「義」，而荀子思想核心就是「禮」。故陳大齊《荀子學說》云：「荀子推崇禮，以為禮可涵攝一切人倫關係，禮之範圍至為廣大，上自人君治國之禮，下至個人立身處世之道，乃至飲食起居，莫不為其所涵攝。禮不僅是行為之準繩，亦是思想言論方向之準繩，不僅為處理社會現象之準繩，亦是應付自然現象之準繩。故荀子禮論，包含言行思想各種規範，可謂為一切規範之總稱。」〔註11〕禮是一切言行的標準，所以對於其他的經典，都必須歸而約之於「禮」，認為禮不但是行為的標準，而且也是思想的指引；不但是面對社會環境的標準，也是對治自然現象的標準，故能有所發明。韋政通的《荀子與古代哲學》認為：「荀子以具有客觀功能之『義』來規定禮：同時亦即欲以『禮』來完成『義』的表現，然後就『禮義』而言其統類，使禮與義這兩個概念連稱的意義，與孔孟以『仁義』連言

〔註 9〕梁啟雄：《荀子簡釋》（台北：木鐸出版社，1983 年 8 月）。
〔註 10〕北大哲學系：《荀子新注》（台北：里仁出版社，1983 年 11 月）。
〔註 11〕陳大齊：《荀子學說》（台北：中國文化大學出版社，1989 年 5 月），頁 140。

的意義，有了顯明的區分，這區分使荀子人文思想的特色顯出來。」〔註12〕對當時的社會政治問題所提供的一個總標準是禮，那麼對當時社會政治問題解決的內容，即必須通過辨、分、義、群等概念去認取。辨、分、義、群指示出化成之途徑，代表著外王之治的具體措施。對於政治社會價值是以禮為認取標準。葛兆光在《中國思想史》談到荀子：「禮到法是當時關於社會重建之路的自然延伸。」〔註13〕禮法關係是一種自然的發展，不獨法家為尊，這點出荀學大要。蔡仁厚《孔孟荀哲學》談論到，荀子尚理智不但對天有所欽頌，將事天地與尊先祖、隆君師同時並舉：「顯示的純是『報本返始』之義，而並沒有祈願求福的意思，亦沒有依賴個靠的心理，更不帶任何迷信的色彩。」〔註14〕有著儒者性格。表示荀子承認《詩》《書》具有參考價值，認為相對於禮義之「隆」，若不「減省削弱」《詩》《書》的強勢影響力，則不易凸顯禮義之統的觀點。其觀點頗為深入，又帶有新儒家的特色，在禮與哲學上的論述頗為深入。

陸建華在《荀子禮學研究》〔註15〕則做了細部的論證，他認為荀子思想是以禮的價值為說明起點，說明禮的本質，及以禮生發為人之本，強調荀子是以隆禮重法為目標，故將禮視為其核心的哲學體系。「荀子援法入禮，禮法併重，是對法家思想的極大包容，是為儒家新生尋找出路，也是儒家從容應對當時的政治現實所實踐的自我轉換。」荀子超越出過去的儒者，承接孔子內聖外王的理想，以外王的功業開出儒家的無限可能。

李哲賢在《荀子之核心思想——「禮義之統」及其時代意義》一書，認為：「荀子不以法先王為非，實因先王、後王，並非本質之異也。」〔註16〕故荀子「隆禮」精神是常合仁、義、禮三者於一的思想。此書對荀子的禮義關係分析深入，作者在名相與哲理上都有相當的見解，唯本書為其博士論文，各章節的理論的舖陳與安排上稍嫌不緊實。

廖名春《荀子新探》認為荀子的社會思想，也是歷史的傳承，並非是其

〔註12〕韋政通：《荀子與古代哲學》（台北：臺灣商務印書館，1997年4月），頁8。

〔註13〕葛兆光：《中國思想史》第一卷（上海：復旦大學出版社，1997年8月），頁169。

〔註14〕蔡仁厚：《孔孟荀子哲學》（台北：臺灣學生書局，1999年9月），頁479。

〔註15〕陸建華：《荀子禮學精神》（合肥：安徽大學出版社，2004年12月）。

〔註16〕李哲賢：《荀子之核心思想——「禮義之統」及其時代意義》（台北：文津出版，1994年8月），頁84。

主觀的認知，故說：「後世西晉的占田制，北魏、西魏北周、東魏、北齊、隋、唐的均田制在授田上都稱百畝，可知對後代影響深遠。」〔註17〕對於「山林澤梁」則提出不稅（〈王制〉），國家要「無奪農時」，盡可能少徵發農民，才不會影響農業生產，不得不徵用，也要「使民夏不宛暍，冬不陳寒，急不傷力，緩不後時」（〈富國〉）這都是為了讓農能「務其業」，即守其本。既富之，又要教之，才能具足王者之道。

現代學界大多已超越唯物與唯心兩極對立的模式，從多個角度去探討《荀子》的內容，並產生豐富的研究成果。雖然研究視角有所轉換，研究方法有一定突破，在一些具體問題上取得了新的進展。特別是從近幾年發表的研究論文看，探討問題的側重點仍在天人觀、人性論、認識論、邏輯論等幾個方面，也有的學者從人學、歷史學、生態學、經濟學等角度去解讀荀子思想，其部份的思想亦為本文所參考。

（三）從哲學、思想史角度的文本回顧。《荀子》一書是荀子本人對歷史進行詮釋的展現，也是其對生命學問的建構，故對《荀子》的詮釋不單是要求對其文本的瞭解，還要掌握荀子對歷史中的文本所詮釋的脈絡。如新儒家對荀子多從心性論、天人關係等角度入手，荀子的價值根源上，唐君毅（1909～1978）《中國哲學原論·原道篇》〔註18〕，以周初「天命」的觀念，說明荀子對於「天」的認知是承續春秋時期以來的發展趨勢，體察人命在天，故要知命，荀子由天的思路轉向對人的關注，顯示了人道具有更重要的意義，從而思索的方向、內容便不再是宇宙時空，而是經驗世界、人所處之社會的秩序。社會秩序之禮，其價值根源顯然無法從天來找，荀子不從天來看，因為在自然之天的身上找不到任何的價值，當然也就無法作為建立和諧有序的社會之依據，故以荀子的「天道」是自然之義。

唐君毅以荀子將天放到一邊，只視為自然義時，那麼關注的焦點落在人身上，人最為天下貴，建立社會秩序之禮的根源勢必要回歸於人。雖然人的份量加重了，荀子仍未順著人之重要性談「性善」，反而提出「性惡」的主張，荀子雖不曾言萬物與人同為天所生，但人之五官為「天官」、心為「天君」，人的特殊之處就在人使用以五官與心，所以人之所以成就天地萬物，乃是在於

〔註17〕廖名春：《荀子新探》（台北：文津出版，1994年2月），頁273。
〔註18〕唐君毅：《中國哲學原論·原道篇》卷一（台北：臺灣學生書局，2004年10月）。

人之道。故唐君毅云：「人之道之身，則不在此背景之根據上說，亦對在先反省回顧此根據之畢竟何所是上說。」〔註19〕所以唐君毅獨認為荀子的禮乃為一道德的基源，伍振勳也說：「轉以『天生人成』的思想型態，提出他獨特的『禮宇宙觀』，作為道德秩序的根基。」〔註20〕可以為道德秩序架構，乃是人以天為根據，而能「天生人成」的型態，是由上而下，以向前向外走出之道，這樣的說法確有見地，獨標荀子的理性精神，可以說在新儒家上很別出心裁。

牟宗三認為荀子乃「大本不立」〔註21〕，荀學非儒家正宗之仁學體系，乃屬於儒學別支。然其雖沒有體認儒學的價值根源，但能以其知性的主體，成為道德的指向，以偽之善可以保證價值根源。以重禮樂之教，做為人之修善，人可以誠心來守仁行義，能夠神而通達到天德的境界，故天德就是其知性的道德的源頭。又指出荀子具有邏輯之心靈與接近西方主智系統，要溝通中西文化之命脈，必須將荀子之思路予以疏導而融攝。故牟宗三云：「惟荀子誠樸篤實人，知統類，一制度，隆禮義而殺詩書，充實飽滿，莊嚴隆重，盡人生宇宙皆攝而統治於一大理性系統中。此其分量之重，廣被之遠，非彼荀子誠樸篤實者不能言，非彼天資特高者不能行。」〔註22〕荀子知性主體和宗教精神之建立，可以為中國邁向現代化之路，找到一個生命的根源。凡此種種說法，乃發前人所未發，對後來的荀學研究者起著很大的引導作用。

佐藤將之：《荀子禮治思想的淵源與戰國諸子之研究》，荀子繼承黃老的思想，另提出理論的匯融，即「虛壹而靜」的功夫。此功夫於培養吾人精神上及指導人生方向皆能達到出神入化「大清明」的大智大慧的境地，而更臻修身自強不息。此「虛壹而靜」認識論，可知荀子深受古代黃老學派的氣學的影響所致。佐藤將之認為荀子絕無宗教意識，以人本為主要訴求，人以自己天賦力能，自我感知、自我控管。另就佐藤將之的考察，荀學思想與在《管子》如〈牧民〉、〈立政〉、〈乘馬〉、〈君臣上、下〉等篇都與有某些程度的交涉。〔註23〕

〔註19〕唐君毅：《中國哲學原論·原道篇》卷一（台北：臺灣學生書局，2004年10月），頁441。

〔註20〕伍振勳：《語言、社會與歷史意識——荀子思想探義》（台北：花木蘭文化出版社，2009年9月），頁25。

〔註21〕牟宗三：〈荀學大略〉，收錄《名家與荀子》（台北：臺灣學生書局，2006年9月），頁198。

〔註22〕牟宗三：《名家與荀子》（台北：臺灣學生書局，2006年9月），頁215。

〔註23〕佐藤將之：《荀子禮治思想的淵源與戰國諸子之研究》（台北：臺大出版中心，2014年1月），其中第三、四、五、六等章皆有詳細的論說。

林宏星從合理性的角度，認為觀念的產生必有其核心道理，即人存在世界中，總賦予著生活意義的詮解，而這樣詮解是離不開所存在的環境，所以一個觀念的產生，環境的影響也具有決定性的作用。故在《合理性之尋求：荀子思想研究論集》一書中言：「天道不因人事之變遷而改變其常軌，人事之治亂亦不能影響天道之運行規律，因此，應將天道的歸天道，人事的歸人事，明白人不能廢弛其職分而妄求天，天亦不能奪人所應負之職。」〔註24〕由是可知，天有其職，人有其分，應各司其職，各盡其本分，此即所謂「天人之分」。認為：「由孟子到荀子的過渡，在哲學的內在理緒上，有些類似於從康德到黑格爾的過渡，因而用黑格爾的語言來說，或許可以認為孟子只言道德而未上升到倫理。」〔註25〕這樣的譬喻便具歷程視野，基於思想傳承的合理性，荀子也必然在孟子的思想上有所發明，而又提出了新的見解。

韋政通《荀子與古代哲學》說：「荀子惟是就，如何落實到現實社會來化民成俗上，其措思用心，結果與今日所言之『新外王』比，距離固仍甚遠，然其精神發展之方向與問題的轉向，實較孟子多走一大步。」〔註26〕這一大步對儒者而言，其實是很大的一步，當德不能保證社會國家時，儒者必須轉向禮義法度，才能為人類打開新局，這也是荀子強調「治人」之要。

周振群在《荀子思想研究》中認為：「謂孟子尊王黜霸，荀子王霸同尊，尊王只是理想，在現實上不可能，尊霸則是尊一歷史之事實，乃所以為現實的事功立型範。因此遂以孟子識小而蹈空，荀子識大而切實。這種說法，從表面看，似甚推尊荀子而言之成理，實則不僅於孟子無知，即於荀子亦大不當。」〔註27〕從荀子思想來看他反對孟子，認為他對「性善」的說法太過不切實際，而這實際也是指當時的現狀。荀子想要求得道德實踐的願力，必不會亞於孟子，而在政治思想上循禮義教化的途徑，以建立王道志業，孟荀之間並無不同。

（四）從生命教育角度的文本回顧。劉易齋等學者所著《生命教育》〔註28〕

〔註24〕林宏星：《合理性之尋求：荀子思想研究論集》（台北：臺大出版中心，2013年7月），頁96。

〔註25〕林宏星：《合理性之尋求：荀子思想研究論集》（台北：臺大出版中心，2013年7月），頁97。

〔註26〕韋政通：《荀子與古代哲學》（台北：臺灣商務印書館，1997年4月），頁40。

〔註27〕周振群：《荀子思想研究》（台北：文津出版社，1987年4月），頁187。

〔註28〕劉易齋、鄭志明、孫長祥、孫安迪、楊荊生等合著：《生命教育》（台北：國立空中大學，2011年1月）。

一書，已將國內外的相關生命教育的發展與內容做了大要的論述。在綱架上，從基礎理論到生命的結構到意義、價值與發展，都作了規模上的呈現，讓人更清楚生命教育的定義與生活的運用。在學理上，更注重中國傳統的思維，以及三教的精神的開發，如在宗教信仰與靈性教育上，也包羅佛教的空、道教的無的本質思想，生命倫理中更是以儒家義理為特色，而且突顯了「上游理論」的思維，亦即三教（五教）精神都是為生命的上游做教育，以及恢復生命本然的特色。文本內容中，也加入了現代化的元素，如科學、醫學、心理輔導……等生命的關懷，在古今學術的融合詮釋上，予以啟發良多。

陳德光的《生命教育與全人教育》〔註 29〕，作者從事輔仁大學宗教系教職，並參與臺灣的生命教育工作，並負責「宗教與生命教育的」計畫，其生命教育的特色，以宗教、聖經、哲學等為內容，並在教學上落實生命教育相關課程，可謂是一名生命教育的學者。本書強調生命教育與全人教育的理念，即從個體生命、整全生命、感通生命三個角度來開展生命教育，並且加入宗教觀點的發揮，使得生命過程、生命廣度與生命的深度都能得到均衡的發展，讓生命教育成為一種生活與知識平衡感通的藝術。本書對當前「生命教育」的諸多議題的開展，在讓筆者詮釋《荀子》思想上也提供多方的啟示。

劉又銘發表〈論荀子的哲學典範及其流變〉一文。〔註 30〕其從「天人相分」、「性惡」到「以人制天」、「化性起偽」，再到「隆禮義」、「法後王」，認為當代許多學者如牟宗三、蔡仁厚等代表學者，循宋明理學主流程朱、陸王學派的足跡，將荀子的理路做了進一步的詮釋，更精微更縝密也更深入地突顯了荀子哲學的準異端性格，並且產生了廣大、普遍的影響力。作者以荀子哲學的意謂、蘊謂兩層義涵，以自然元氣為本、天人之間合中有分、人性向善、學知禮義、積善成性等等。以這樣的典範為基準，把歷史上許多失聯的荀學論述串聯起來，重新構築一個壯闊的荀學圖像；並且可以比過去更積極地開展一個「當代新荀學」的運動。作者的一些觀點提供，為筆者開出荀子生命教育觀的視野，用一個表、裡雙層共構的新敘述來重新建構荀學範式，用此來重新獲得其在中國人文化心理脈絡中的正當性，也將歷代的「隱性荀

〔註 29〕陳德光：《生命教育與全人教育》（台北：幼獅文化，2010 年 10 月）。
〔註 30〕劉又銘：〈論荀子的哲學典範及其流變〉，「荀子研究的回顧與開創」國際學術研討會（雲林：雲林科技大學，2006 年 2 月 17～18 日）。

學」〔註31〕串聯起來，建構「當代新荀學」的領域方向。

　　喬清舉《儒家生態思想通論》。是一本結合現代環保生態議題的專著，作者不但提出生態倫理的重要性，也發掘自古以來儒家文化早就非常重視生活環境的重要，不但有理論、政策，並有各細項之作法，如專門負責保護漁獲、畜牧、草木、森林、河川、土地……等職務的人。如「司稼，掌管巡視管理各地的莊稼，確定各地適宜生長的莊稼種類，規定來年各地的貢賦，平均各地的糧食供應，賑濟災區。」〔註32〕等都具有生態意識，儒家的生命關懷，將對天道的道德追求，擴展到一切生物與非物的生命尊重，讓生命完成自己的生長周期，實現自己的本能。作者認為，儒家的傳統其實早就具有，肯定一切萬物的內在價值，對於保護動物、植物、山河、大地提出了系統的認識，並採取重要的措施，做為一名現代的儒學者，除了承傳文明的智慧之外，也要讓這文化不斷積極地參與當代生態問題的對話，讓今人也可以從現代語境，對傳統文化的理念及論證方式進行現代化之轉型。

　　王瑤敏《孔子生命教育思想之研究——以「仁」為中心》〔註33〕研究，認為中國幾千年來的儒家教育其實就是生命教育，儒家又以孔子為代表，而孔子思想的精華就是「仁」學。在孔子的思想中，「仁」的實踐，是實現完整人格的理想，就是生命教育中最重要的人生意義與價值。孔子的生命之學以敬畏天命，將道德情感與宗教情感合一。對人格神意義的天道，孔子以一種敬畏與虔敬意味的呼應之情，這是「超越的遙契」；對於形上實體的天道，通過孔子踐仁知天，以仁印證天道，這是「內在的遙契」。超越的遙契與內在的遙契，由著重客體性過渡到重主體性，主體性與客體性取得了一個真實的統一亦就是性命天道相貫、道德與宗教通而為一，此即孔子所證現的「天人合德」的生命典範。可知儒家一開始就展現出發掘本根的生命教育，而孔子也依此傳延其教育的理念，影響著荀子走向「攝禮歸仁」的生命形態。

　　以上的文本，將可提供筆者對荀子的研究，以此來解讀荀子禮、教育、生命思想等範疇，又在東西方道德倫理、生命關懷等理念重新被重視的氛圍

〔註31〕 這種「隱性荀學」深具如地、如月般的作用，影響中國深遠，筆者以為荀子早具聖人的範式，故將其推尊為「隱聖」，並於文中繼續證成此說法。

〔註32〕 喬清舉：《儒家生態思想通論》（北京：北京大學出版社，2013 年 11 月），頁 123。

〔註33〕 王瑤敏：《孔子生命教育思想之研究——以「仁」為中心》（嘉義：南華大學哲學與生命教育研究所，2008 年 6 月）碩士論文。

下，筆者緊密結合荀子文本，以及出土的最新史料，希望用中西生命教育觀，乃至引用多方的道德倫理的現代化思維，期能對荀子的禮與生命教育，進行爬掘整理與重新詮釋，以彰顯荀子思想在廿一世紀的新視域與作用。

第三節　研究方法之運用

荀子生命教育的探討，就是重新認識瞭解荀子的思想，是以「性惡」為基源，展開其一切學問之架構，化解性惡的可能及其影響，荀子儒學以「禮」為其學說內容，並以禮建立其工夫的實踐，建構其生命教育的思想。在研究方法的運用上，本文依採視域融合的研究法、社會與教育學的研究方法、哲學與思想史的研究方法等來層層展開，茲分論如下：

一、視域融合的詮釋法

研究儒學的生命學問與教育，也要瞭解當代所談的生命教育（Life Education）定義為何？發展的沿革，及其主張的理論為何？自 1979 年澳洲雪梨成立的「生命教育中心」（LEC）開始，主要是致力於藥物濫用、暴力與愛滋病的防制，於是生命教育的概念，則紛紛被開展出來。〔註34〕國內學者肯定「生命教育」的重要性，自民國八十六年底前臺灣省教育廳推動中等學校「生命教育實施計畫」以來，「生命教育」獲得各級學校的熱烈回應與積極參與。然而社會民眾對生命育仍有一種普遍模糊的概念，如何清楚界定生命教育的內涵與目標，則是不斷在被詮釋與落實當中。本論文則參考臺灣教育部所訂定的八大教學領域為研究方向〔註35〕，擇取其與荀子相關的範疇為研究考量，劉易齋等人所著之《生命教育》詮釋方法為藍本，進行荀子禮與生命教育的研究。

荀子為教育的建構中，「禮」是外在客觀的制度，禮同時也是制作於聖人，而有其內在化的「理」之主體性，故禮在荀子則有多樣的意義。王祥齡認

〔註34〕 參考孫效智：〈生命教育的內涵與實施〉《哲學雜誌》第三十五期（台北：業強出版，2001 年 5 月），頁 8。

〔註35〕 八大教學領域為：1 生命哲學與全人教育、2 生命科學與養生保健、3 生命倫理與社會教育、4 宗教信仰與靈性教育、5 經典選讀與歷史文化、6 生活規劃與終生學習、7 生活藝術與抗壓能力、8 生死教育與生命關懷。參見，劉易齋、鄭志明、孫長祥、孫安迪、楊荊生等合著：《生命教育》（台北：國立空中大學，2011 年 1 月），頁 11。

為：「荀子的『禮』有多義：一是『禮制』的禮，是客觀的由聖人所制定的外在『制度義』的禮；二是『禮義』的禮，是主觀的由人對所理解的判知外在制度義的『行為義』的禮；三是『禮理』的禮，是禮之所以為禮的『法則義』的禮。然此法則義的禮，源自『天行有常』的『常道』，且『道者，體常而盡變』，故君子能『以義變應』。是知，禮又具道的『超越義』，所以能無所不包。」〔註36〕又如王夫之《尚書引義・洪範三》云：「猶夫水之固潤固下，火之固炎固上也。無所待而然，無不然者以相雜，盡其所可致，而莫之能禦也。」〔註37〕故以此形上形下來論禮，禮的客觀本身自然具有的實有，就內在具「理」，這理也成了「禮」的形上根據。人之義是以心之能慮、能擇與實踐的積習，超越器性的限制而有「化性起偽」的自覺作主。這樣的論述不是依一外在原理的肯認而起的自覺，與歷史互為主體的思維方式，不即不離，「這是中國文化中的『具體性思維方式』的一種表現。」〔註38〕從廣義的生命教育來考察，儒家以及荀子都不斷地在展開各種面向的生命教育。

荀子的聖人是以「後王」為法，而後王的禮義承傳於先王，先王的禮義則來自於「歷史」，人的「主體」是在時空脈絡之中而被「歷史」所形塑、所積澱的。黃俊傑云：「使用『歷史性』一詞而不用『主體性』一詞，主要原因在於，『歷史性』較『主體性』更能說明人之存在是一種受時間與空間因素所決定的。」將人與歷史做為「互為主體性」的詮釋方法，黃俊傑認為：「這一方面使經典中的『道』由於獲得異代解經者主體性的照映而不斷更新其內容，在『時間性』之中使經典獲得『超時間性』；另一方面則使讀經行動成為『尋求意義』的活動，讀經者的生命不斷受經典中之『道』的洗禮而日益豐盈。」〔註39〕故本文的研究，以歷史與人的「互為主體」為主軸的方法，然後再分別將荀學的內容，伽達默爾（Gadamer，1900～2002）以「視域融合」中包涵看、聽、說三個方面。此三者中任何一方都投射著其它兩方，它們同出於一源，融通無間地展現出「此在」活潑的生存境域，依下列的「視域融合」的研

〔註36〕王祥齡：〈論荀子禮法之法理思想〉《第三屆中國文哲之當代詮釋學術研討會會前論文集》，國立臺北大學中國語文學系，2007 年 10 月，頁 232。

〔註37〕王夫之：《尚書引義三》，收錄《船山全書》第二冊（湖南：岳麓書社，2011年 8 月），頁 352。

〔註38〕黃俊傑：《中國經典詮釋傳統（一）通論篇》（台北：臺大出版中心，2006 年 2 月），頁 384。

〔註39〕以上引文參見黃俊傑：《中國經典詮釋傳統（一）通論篇》（台北：臺大出版中心，2006 年 2 月），頁 423。

究方法展開,這正可以對荀子以「後王」為歷史主體的對象,他不斷滲透歷史中掌握到後王是先王的傳續,後王其實就是荀子心靈的自我對於社會國家的關注,他將自己隱喻在後王文化之中,時時耳提面命於人民的生活世界裡,這也是荀子生命教育思考的路線之一。

荀子生命教育思想亦展現視域之融合的整體觀察,他站在源頭理解人的諸多現象,只有在源頭思考,才是真正理解一切歷史的真實,而伽達默爾說:「在理解本身中顯示歷史的實在性,故理解的本性就是一種『效果歷史』〔註40〕」。報本返始的觀念,其實就是人對於根源的一種理解。潘德榮在《詮釋學導論》說:「進入歷史視界並不意味著主體自己的視界之消失,純粹以歷史的視界作為自己的視界,而是主體在歷史的視界中充分發揮自己的前判斷之作用,從而真正形成一種『效果歷史』。」〔註41〕所以一個理解主體自身的視界,一個則是特定享歷史視界。歷史不是被動地被人們所解釋,以至於人們可以無視於它自己的意見。歷史其實不斷在提供各種動源與詮釋,從人們的視界出發,是否已被歷史所贊同,如果能在傾註與傾聽之中,坦誠而又不固執己見地交流著,並由這種交流而使雙方都有贊同與理解,這就是一種「效果歷史」,做為「視域融合」的詮解。這也是我們所理解的荀子,為何總是苦口婆心地講述很多觀念,而其觀念也不斷地被運用在後人的生活中,這就是一種歷史的本質的敞開,人所理解《荀子》的觀點,不一定代表荀子的真義,而荀子學也無法完全詮釋荀子,只有通過時間的驗證,且「只有給成見通過充份發揮作用的餘地」〔註42〕,我們才能說荀子的真義被賦予在此現實,這就伽達默爾稱為是「效果歷史」的說法,肯定這樣的效果歷史,能帶出荀子的理念完全地被詮釋出來。

二、社會與教育學的研究方法

儒家的教育與社會學的定義,似乎難以清楚被認定,其中的理論事實上也頗為複雜,儒者從個人到天下,乃至萬物都是關懷的整體,故要將教育與社會學有所分判,在儒者是不太需要的。哈維・弗格森(Harvie Ferguson)說:「哲學首先回應了被考察的生命/生活的真理召喚,不僅僅是對有條理、有

〔註40〕伽達默爾:《真理與方法Ⅱ》(北京:商務印書館,2013 年 11 月),頁 424。
〔註41〕潘德榮:《詮釋學導論》(台北:五南圖書,2002 年 9 月),頁 134。
〔註42〕伽達默爾:《真理與方法Ⅱ》(北京:商務印書館,2013 年 11 月),頁 423。

訓練思想的要求。這涉及個人投入，通常還涉及對某一社會生活的接受。因此，哲學不過就是一種『取向』。……與哲學不同，社會學擁有『學』的特質，因而也落入邏各斯（Logos）〔註43〕的構成秩序中，它是用理性可以理解的社會秩序。」〔註44〕可知，社會的有序性可以用思想來理解，而社會規模的改變，常以未被察覺的方式影響著生活的各種面向。「這種影響是古代社會大規模轉型一部分的實在意識的轉變，這些急劇的變化與傳統分裂，產生了更深的不安定感，同時創造出一個情境，使對於實在的普遍哲學性觀點得以出現，並遍布於當時的意識中。」〔註45〕它的組成要素被認識到，教育學其實就是一種哲學的延伸，教育哲學與社會學都轉向形式與人文的交纏，它們共有卻未被認知的部分，正是生命教育家所要提供的個人洞見。

中國人所強調的「道」，除了是生命教育的說明之外，也可以被理解成一種社會形式，它是社會人民不斷變化的一部份，也是人極賴以立定主要的部份。理解雖是重要的所在，但也可能如荀子所謂：「蔽於一曲而闇於大理」，這就需要尋找事物的根本，以達到讓人能夠理解。「經驗及對經驗的分析研究，是哲學與社會學的基本特徵。」〔註46〕在文本詮釋與社會實踐方面，荀子的詮釋不論是對大環境、聖王人格的差異，和他自身的思想感悟和身行體驗及以言說活動為媒介的社會實踐有關。因此，透過荀子關於聖人、經典、言說活動的認知，可以說明他實踐哲學的詮釋內涵。如章太炎較常採用「書證式」的傳統方法，胡適則採用中西兼容的治荀方法，唐君毅以「天命觀」的方法來論證，大陸學者喜歡貫徹唯物辨證的方法，台灣的學者絕不談唯物唯心之分，也不論荀子的階級屬性，而呈現獨自的面貌，可謂各具特色。

若從社會心理的理論視角，解讀荀子生命教育的意義，強調個體在社會過程中的智能發展，以及智能發展的情感基礎，探究荀子所謂「禮」的意義，是期待聖人治世的「重生」，黑格爾說：「『重生』或許是東方提出的偉大觀念。……它不僅進入一個新的外殼，而且更是從先前形式的灰燼中升騰而出，

〔註43〕Logos，是上帝的旨意或話語，也是萬物的規律的源頭，中文《新約聖經》譯為「道」。

〔註44〕〔英〕哈維・弗格森著（Harvie Ferguson），劉聰慧、郭之天、張琦譯：《現象學社會學》（北京：北京大學出版社 2010 年 9 月），頁 12。

〔註45〕哈維・弗格森：《現象學社會學》（北京：北京大學出版社 2010 年 9 月），頁 12。

〔註46〕哈維・弗格森：《現象學社會學》（北京：北京大學出版社 2010 年 9 月），頁 13。

成為一個經過洗煉過的精神。」〔註47〕荀子到《荀子》，乃至「荀學」，都不斷在為社會提供對策，儘管社會變化萬端，後人總能從其生命教育中找到生活的良方，而獲得浴火重生，在社會過程與教育之關係的認知，荀子禮生命教育的「社會性」也與「教育性」相互關連。

三、思想史的研究方法

中國思想家提出的具體理論雖不盡相同，但皆展現了一名教育家的本質，認為在社會的頂點有一「神聖位置」（sacred space），想要藉其個人之智慧與品格修養，改變整個社會結構，這種思想主要表現在「政教合一」的傳統上。這在荀子身上十分明顯，他論述對當代現實的看法，架構了禮義思想，以經典曲折委婉的方式來表達濟世的理念，儒者有一種所謂「比興式的思維方式」，在這種思維傳統下，經典注疏以及歷史研究常是歷代學者批判時政的重要途徑〔註48〕，也是荀子所採生命教育的方式。

唐君毅提「思想史的研究方法」，力求「打通」哲學與歷史二極，所採取以「即哲學史以研究哲學，或本哲學以言哲學史」的方式，也就是「即哲學思想之發展，以言哲學義理之種種方面，與其聯繫。」首先明歷史事實之真實，後做哲學義理之闡發的原則。為明歷史事實之真象，就必須合理借鑒和充分吸納中國傳統學術研究中注重校勘、音韻、訓詁的傳統。另一方面責「立教之意疏」，合理吸收和批判繼承中國傳統的學術研究的方法，故「訓詁和義理交相明」的方法，注重「訓詁」，是對「漢學」、「樸學」的合理繼承；注重「義理」，是對「宋學」的充分吸納。〔註49〕這就是打通兩極的方法，是研究儒學的一種重要途徑，以此途徑終究達到儒學的終極──「道」。黃俊傑說：「中國傳統的經典詮釋學的中心課題，不在於如何瞭解文本，而在如何受文本感化。在傳統中國的經典解釋者看來，知識上的領略只是內化經典並實踐經典的手段而已，解經是過程、是手段，求道才是終極目的。」〔註50〕思

〔註47〕黑格爾著，潘高峰譯：《黑格爾歷史哲學》（北京：九州出版社，2011 年 9 月），頁 33。

〔註48〕以上概念參閱，黃俊傑、蔡明田：〈中國政治思想史研究方法試論〉，《人文學報》（國立中央大學及學院），第 16 期，1997 年 12 月，頁 23。

〔註49〕唐君毅：《中國哲學原論・原性篇》（台北：臺灣學生書局，2006 年 11 月），自序，頁 4。

〔註50〕黃俊傑：〈經典詮釋與哲學建構之關係〉，收入氏著：《東亞儒學：經典與詮釋的辯證》（台北：臺大出版中心，2007 年 10 月），頁 24。

想史的研究方法的運用，是荀子對聖王經驗的印證運用，余英時曾引柯靈烏
（R. G. Collingwood，1889～1943）說：「一切歷史都是思想的歷史。」〔註51〕
瞭解其對世界中的人事物關係以及時空下的歷史意義，詮釋荀子的道，也期
望本文能對荀子思想展開更進一明確清晰的詮釋與研究。

　　牟宗三所著《荀學大略》〔註52〕，對荀子做過疏理與分判，然其基本路
線，仍是秉宋明理學的路子，拿孔孟為精神來批判荀學。牟先生認為，孔孟
言與天合德，其天乃形上的天，德化的天，荀子卻不能達至此義，而與天無
可合。雖言「參義」則孔孟荀皆可言，孔孟之天是正面的，荀子之天是負面
的，故在被治之列，人性也是被治的。性惡之性是負面的，其實其本質無所
謂惡，只是自然，順之而無節，則至於惡。

　　他認為荀子剛健質樸的個性情態，以自然力量的展現毫不矯飾，以一種
科學的精神，隨其學問的積習，辨別各種學說的合理與真偽、以知性的倫理
秩序之心，開出重民生根本，如此而誠其心則勸化精神、君子之至德備，而
與天地萬物化矣。中國就是缺乏這學說，然而荀子在二千多年以前就已經為
後人開闢，韓非、李斯承襲其思想，大開君王功業，成就二千年來的事功，所
有的諸子百家思想中，真正開花結果的只有荀子。然後人若沒有繼續開發這
樣的思想，造成歷史的缺憾，有待後人繼續開拓，故認為荀子的惡並不是本
質的惡，只是荀子依世間現象之惡，而自行定義的惡。

　　從詮釋、教育、社會、思想等方法，期許探討荀子禮哲學的總貌，傳統
創生的無邊奧蘊的道，早流注聖王的人格事功之中，唯待後人的識見與繼承。
一如伽達默爾所說：「真正的歷史對象根本就不是對象，而是自己和他者的
統一體，或一種關係，在這種關係中，同時存在著歷史的實在以及歷史理解
的實在。」〔註53〕荀子就是以這樣的體認，以實證之學，親身體現聖王所經
歷過的心路歷程，以聖人的傳承而開展其儒者生命觀。他以人的「生命」，生
活在具體而特殊的歷史情境之中。生命的發展為時空條件所決定，他忠實在
自己的時代，以不同方式體現了人性最原初的可能性。他因與歷史互為主體，
而能重新喚起生命的意義。生命作為一種「道」的認知，每一個人都一定會
用到「道」，並且先已知道「道」的概念是什麼意思，這也是荀子以致道的身

〔註51〕余英時引語：《歷史與思想》（台北：聯經出版社，2004 年 12 月），頁 227。
〔註52〕牟宗三：《名家與荀子》（台北：臺灣學生書局，2006 年 9 月），頁 195～277。
〔註53〕伽達默爾：《真理與方法II》（北京：商務印書館，2013 年 11 月），頁 424。

分，擘劃其生命教育模式，使人「驗」之於客觀生活，進而對於生命展開一個具體的解答，達致正理平治的教育規模。

第四節　研究進行之步驟

　　本文旨在發掘荀子以生命為核心的教育觀，並以新的生命教育思維想，以及他對於禮法之功能與內涵的視域融合；並透過討論以「禮」化「理」的工夫論，證成荀子認知的主體是：「兼聽齊明」的理智、深入「禮義之統」的人文世界而能「聽斷以類」的生命教育觀。又從荀子的生命歷程，他如何走向「求道」、「體道」、「致道」之途，並開展為符合人民的教育系統？其思想的建構與實踐，如何承續前人的學術經驗，又重建出一套禮的教育觀？禮教育在生命教育內涵上的開發，探討荀子如何發展上游理論的生命建構，並啟發後人從生命的內景到禮運的世界構成？茲分述如下：

　　首末之「緒論」與「結論」，總論本要研究大要，與各章之小結。「結論」，說明歷史上對於荀學無論是肯定或者是否定，可以說都不是客觀的學術批評，總是從各自的思想傾向、主觀好惡出發，對荀學進行褒貶取捨。如章太炎能以歷史觀的態度，從荀子思想的實際出發來分析和評論荀學。荀學的歷史作用和價值，不僅僅取決於其自身的內容和性質，還取決於後儒對荀學的認識和選擇。正因為如此，荀學的榮辱興衰也就從一個側面反映了中國儒學發展史在不同時期、不同階質上的理論特徵、價值取的其所顯露出來的時代精神。在清代，人們既希冀國家之一統，又欲社會超脫舊俗之進步，於是「通達不迁」的荀學，又發揚於社會生活之思想界表層，而為人們所普遍重視，乃至成為今日顯學。

　　又從傳統儒家的發展，也是荀子的教育使命，放大到整個天下的疾痛，如貪利忘義、上下互謀、禮崩樂壞、戰爭頻仍、倫常脫序、百姓流離、人格粗劣、乃至國與國橫縱連合、天下大勢迷漫一觸即發的戰爭陰影，自然社會之間的問題總是愈來愈嚴重，人民生命總是處於戰擾與摧折之中，眾多儒生身為四民之首出角色，面對這些現象可謂痛心疾首。許多嚴重戰亂，讓人生處在一種複雜的關係之中，這種關係會誘使各類有志之士，為謀自己或自己國家的利益，他必須去正視，並且試圖解決。百家興起，但一偏之士，總缺乏整體性的智慧，只將重點放在現象抹除，而非找出根本病因，長期以來，病因不斷惡化，藥也

不得不越下越重，造成更嚴重的副作用。以致荀子要孜孜為道，以在生命現象的解蔽後，所得到大清明心，要為人民找到了一條「合理性」〔註54〕的道，從生命的觀點出發，荀子也要開出一套屬於儒學的生命教育理念。

荀子對人類性惡的觀察，從人與人，再對比於人與社會與自然之間、生活與藝術、修養與療癒、宗教與關懷等面向來立論。荀子生命教育中，「性惡」一詞，並不是一個不可替代的根本原則（先驗原則），他實質是要提出一以人性中性為原則的對治思想。故荀子學問的目的同孟子一樣，也是要人們成就一個完美之人格的。當然，他不能像孟子一樣，以「性善」為這種成就之根本。他另有根本。他的根本就是他念念不忘的「先王之道」。他要人們用「先王之道」來變化人們這種所謂的「性惡」之性，以使之成為「善」，成就一個完美的人格。他所謂的偽，不是今天作為罵人用時的「虛偽」之「偽」；而是「人為」的意思，虛偽與實在相對，人為與自然相對。

綜論，荀子的生命教育思想，人是由於耳濡目染中，長期受後天環境的感染而同化，積漸成習而為性惡，因此為了教化人們的社會化，具社會感染力的社會環境或情境之揀擇及塑造，是荀子生命教育方面極具重要性的一大課題。荀子思想對後代的影響，體現在他與經學學術的承傳關係上，自七十子之徒後，歷經戰國、秦火，六經之傳得以生生不息者，也要歸功荀子。荀子堅定意志力長期勸學且落實「積善而不息」的踐履，在潛移默化的教育下，積偽成善、積德成聖，終能達成理運大同、正理平治的理想。

第五節　研究限制與解決

本文的研究從荀子生命教育的架構，重新回應現代現代的生命教育的需求，是以一種人生觀與實踐態度之間的連繫來理解，筆者偏重在生命學問的重新詮釋，但又能儒學的範疇，故對於荀子的生命教育，實則也包含歷史學、

〔註54〕林宏星說：「對荀子之瞭解即試圖戶在一個特殊的歷史平臺和特殊的問題意識上來把握，作者以『合理性的尋求』為書名，正意欲表達荀子在『古今』、『禮法』之爭，『王霸』、『義利』之辯，『天人』、『名實』之論等，重大的歷史課題面前所呈現出來的『合理性』性格。」合理性一詞的用法，突顯了作者要為荀子「翻案」的企圖，這或許是面對新儒家的學者而言，然而從現今整個思潮的發展來看，荀子似已成為當代的顯學，作者想必也起了一些參與的作用。參見林宏星（東方朔）：《合理性的尋求──荀子思想研究論集》（臺大出版中心，2013 年 7 月），導言，頁 9。

詮釋學、社會學、倫理學、宗教、哲學等思思面向，如此做為詮釋荀子生命教育思想的方法，以建構新荀學系統，理解其與生命教育種種意義的開發，冀能突顯在荀子在生命教育上的新價值。然而在傳統的學問上要以全新的視野來探論，並以現今生命教育的概念提出，其實有著諸多的艱難，例舉如下：

一、生命教育是以生命關懷為中心的教育，必需整合知識生活與生命觀念，也成為人一生階段的教育，是以研究也只能是某一階段性的研究，對於學者從事一生的教育思想也不能全然充分。生命教育的議題，也常有因為、因地、因種族而有不同的定義，故孫效智說：「社會上對生命教育有一種普遍得籠統企盼是一回事，如何清楚界定生命教育的目標與內涵則是另一回事。」〔註55〕又陳德光說：「面對生命教育議題，大家只能作瞎子摸象。」〔註56〕故面對這全新的命題，本文採劉易齋《生命教育》的綱架為主，基本上克服了定義的問題。

二、臺灣於 1997 年底提倡「生命教育」以來，在國中、高中與專職學校等各學校皆派遣種子教師，分批接受生命教育的培訓，並輔導學員認識生命的意義，進而尊重生命，熱愛生命，豐富生命的內涵執，並建立自我信念，發展潛能，實現自我；增進人際關係，提升對人的關懷，協助學生建立正確的人生觀，陶冶健全的人格等等計畫。由於「人文環境的多元性，發展生命教育不能只仰賴進親的教科書，故對台灣本地的學者與教育界人士實在是一大考驗。」〔註57〕要帶動學生進行生命教育實在非容易。又相較於其專業教程，生命教育難有統一的定義，或只是用一種教法為內容。由於在操作上就不是傳授一般智能與熟練的知識，同時也要在生命的體悟上有所發明，故對於生命教育的研究上也是屬於親證與、歷程的延續。

三、本論在荀子生命教育思想的建構上，以牟宗三所認為傳統三教思想都是屬於「生命的學問」，中國以往哲人的智慧在這樣的學問之下的教育開展，如此則可以歸納為廣義的生命教育的體系，亦即三教生命學問的教育，是否都可以被納入生命教育的範疇？生命教育的範疇似有定位在思想與生活整體的教育，教育一詞也必然與生命有關，然而生命教育的議題是個全新的詮釋

〔註55〕孫效智：〈生命教育的內涵與實施〉《哲學雜誌——生命教育》，2001 年 5 月，頁 9。

〔註56〕陳德光：《生命教育與全人教育》（台北：幼獅文化出版社，2010 年 10 月），頁 5。

〔註57〕陳德光：《生命教育與全人教育》（台北：幼獅文化，2010 年 10 月），頁 15。

體系，是否傳統的教育就可以等列入生命教育？儒學的生命學問是否就是一種生命教育……等等，深受中國傳統思想，要用現代學術的術語或觀念來表達也是不容易，如何用新瓶裝進乃古人千年的佳釀，這都是筆者所要化解的問題，本論文以視域融合為嘗試，逐步化解這學術的困難。

　　以上荀學與生命教育，仍是在學術潮流的演進中，不斷適應與更新步驟，然而對於歷史的傳承也不能冒然斷除，在傳統與革新中，儒者的乃以「心」中具有「道貫」為衡量的標準。黃俊傑認為：「解經者固然不應也不可能完全解消自己的『歷史性』，而以一個『空白主體』的姿態進入經典的世界；但也不可過度膨脹解經者的『歷史性』，以致流於以今釋古，刑求古人。」〔註58〕故從詮釋荀學的生命學問與教育，實際上就是一種語言體會的轉換，一種從一個世界到另一個世界的語言理解，一種從古人的歷史世界到今人的生活世界，乃至從中西雙方的思想媒合，一種從不熟悉的語言世界到自己的語言世界的轉換，並期望這種視域融合能夠合理展開。

〔註58〕黃俊傑：〈從儒家經典詮釋史觀點論「解經者」的歷史性及其相關問題〉，收入氏著主編：《中國經典詮釋傳統（一）通論篇》（台北：臺大出版中心，2006年2月），頁366。

第二章　荀子的生命哲學

　　從屬人的基本來觀察，心性說無疑戰國諸家論述的核心，儒家則更為明顯。學者李滌生說：「（荀子）性是稟諸自然的本質，本無所謂善惡；善惡是後天的人為的價值判斷，不是先天的本然。先天的本然之性包括自然生命與能思之心兩部分。有此生命就必謀所以維護之（食），延續之（色），此即所謂情欲。就此而言，與一般動物同，人是自利的。有能思之心，故能起別是非善惡，此即所謂理性。就此而言，與一般動物異，人是可以超越追求自利的境界。故人性應是矛盾的統一體。」〔註1〕這說法乃分別心與性的不同，人類同時具有心與性兩種功能，而且在自私之中仍具有超越的理性，故性雖是偏於可善可惡的說法，是貼切的描述荀子的基本概念。

　　蘇格拉底曾提出一種洞見：「無人自願為惡」；這可以解釋為「所有的人都自願為善」，這是否為一種悖論，當然可有說法。但由此可以看到人性的真實：「因為世上明明有人是自願為惡的，這才是一般的認知」〔註2〕，故可以推論人都不願意做自己無益的事，人都要想追求幸福，追求善。這正如荀子的理論，雖人人具性惡，但「心可中理」，人終能在禮理之中，不斷追求善，達到完美人格的修養，而至於聖人的化境，則人得以為大禹的材質，在禮的運作中得到理的智慧，終而為禮理合一的禮教境土。

　　開展荀子的生命哲學思想，乃是為人的生命找到根本的方向，如朱榮智所說：「生命教育的本質在於對生命的反省與體驗以及找出人生的方向。……

〔註1〕李滌生：《荀子集釋》（台北：臺灣學生書局，2000年3月），頁538。
〔註2〕參考岸見一郎：《拋開過去，做你喜歡的自己——阿德勒的勇氣心理學》（台北：方舟文化，2015年4月），頁137。

簡單的地說就是研究生命的起源、發展與終結,以及人與自然、人與他人、人與自己,相互對待關係的教育。」〔註3〕又吳庶深等也談到:「生命教育的四個向度:人與自己、人與他人、人與環境、人與宇宙等的教育。」〔註4〕筆者結合學者的思想方向,在自我生命教育中,首先展開荀子的生命哲學,以性、心、身為主,以及其對生命修養的體現與教育理論。

第一節　荀子對人性之分析

　　儒者在世間,總是關切人世的一切,在其生命之中,荀子的儒者方式不是極力去認識世界的事物,而是要能使用它們,在生活之的所需的情況下,他使用世間之物去面對一切,以達致立教處世的目的,在這樣得思想下,一切之客觀存在不只是天生存在,而是要成為人們生活的資具。荀子的「性」就是那天生存在的欲望使然,也因為性惡而有了聖人的禮制,也因制禮而產生了一切的文明活動,這也是荀子思想的一大特色。

　　荀子比之孟子更處在戰亂頻仍、殺伐不斷上演的時代,對於生存的危機,大多數的人道德感是十分脆弱,在生死攸關的狀況,活下去成了最大的理由,故生存實境的需求往往上升至首要位置。他之所以不認同孟子性善之說,則在存在現象的觀察上,要為國家人民提出一套更有益的思想。

　　荀子建立性惡之論,是認為人處在社會的可能為惡之性,又觀自然界與人類各有其職分,天是物質的客觀的,人是社會的能動的是主觀的,人要發揮能動作用,以使用自然界一切而為我所用。故性是天生而成,是與生俱來的本能,凡是具備或符合任一者皆可視為「性」,據此性之實質決定乃從「欲」而說,感官和徵知的本能、生理與心理的欲望均包涵其中,求衣食之足、欲蓄積富厚之性者,是自然而然的,不待學而後生,故天生之情況下,也從而有了欲的隨縱,若欲望不能加以節制,一切失序而亡焉,人類的平治將永不可能成真。從海德格的存有論來看,人之由非本真存在轉往「本真存在」,而能照見存有的真實契機在於「畏」、「非本真存在」下的無意義、空虛、幻夢之

〔註3〕朱榮智:《孔子的生命教育思想》,《教育資料集刊》,第二十六輯,1993年,頁1。

〔註4〕吳庶深、曾煥棠、詹文克:〈先進國家與我國中等學校生命教育之比較〉《教育部委託專案研究計畫報告》(台北:教育部委託研究,2002年12月),頁14。

實相的真徹覺心，而對現實之非本真存在有所覺悟，渴望回歸原本無蔽之本真存在的覺知，是一種對現實之拉扯撕裂、空幻迷失的覺察下，而有的向「本真」歸往的呼喚。〔註5〕這樣的論述，很符合荀子在禮對治下的回歸，即荀子以「性」若處於「非本真」的狀況下是為欲，欲的失控就是為「惡」。茲就荀子對「性惡」的論述分析闡述如下：

一、欲望無節制將致性惡

人性之惡乃其中的欲，而欲不必然是惡，但欲而無節制，將導致行為之惡，而且造成身心社會之惡，而人以欲為性，故荀子說明人性可惡。如云：

> 凡古今天下之所謂善者，正理平治也；所謂惡也，偏險悖亂也。是善惡之分也已。（〈性惡〉，頁946）〔註6〕

天下的秩序自有一種尺度，善的也就是幸福、有益的事，進而可以讓社會國家達到正理平治；惡的、無益的事，讓社會偏險悖亂的事，這是荀子對善惡大廓的說法。正如心理學家阿德勒（Alfred Adler，1870～1937）刻意採「假設」這樣的說法：「我們不能無視於狀況，便決定什麼是『絕對的價值』。什麼是善、什麼是惡，都必須視狀況逐次由當事者們共同決定。」〔註7〕又心理學家羅洛·梅（Rollo May，1909～1994）說：「所有的心理病症皆為社會歷史變動的文化產物。他深信根本不存在所謂的『人性』（human nature），而只存在一個會隨著社會演變而不斷變動的人性特質，由此說來，我們不該將病人所經歷的衝突稱為『精神官能症』（neurosis），而應以『社會官能症』（sociosis）命名之。」〔註8〕這種社會官能症就是偏險悖亂之兆，以這樣的觀點來看，正與荀子所提「性惡」的觀點相契。

荀子對於善惡，乃採用大方向的分法，乃共同體意識的實質內涵，善惡在於得理與否，故亦非善非惡，以「正理平治」謂之「善」，此善之意義不同於孟子性善之善的先天的價值觀念，而是重後天的經驗事實之結果。

〔註5〕〔德〕海德格著，王慶節、陳嘉映譯，《存在與時間》（北京：三聯書店，2012年6月），頁372。

〔註6〕荀子內文採王天海：《荀子校釋》為主要版本，以下不再註明，僅於引文末標出頁碼。

〔註7〕〔奧地利〕阿德勒：《阿德勒心理學講義》（台北：經濟新潮社，2015年7月），頁31。

〔註8〕〔美〕羅洛·梅：《愛與意志》（台北：立緒出版社，2010年3月），頁20。

荀子對「善」、「惡」之界定可從個人之德行來說，也可以就社會秩序方面來看，善指正理平治之社會狀態，惡指偏險悖亂之社會狀態，前者為一理想、完美之社會樣貌，相較下後者則是一種不理想的、不完美的樣貌。荀子的善惡之別，乃指行為的結果或目的而言，非就動機而言。張才興認為：「對於性惡的理解，必先要理解荀子對人的本性主張。性是指人的一般材性，而說性惡是指人對於特殊情境生發的性。」〔註9〕當整個大環境出現善的情境即正理平治，人性可以安住於善，當整個環境出現偏險悖亂時，人性就可能為惡。一行為或對象的善惡與否，乃取決於此對象或行為所想達成的目的的關係上，當能對象能符合或達到此目的時，就是善；反之不符合或與此目的相衝突時，即是惡。如云：

> 今人之性，生而有好利焉，順是，故爭奪生而辭讓亡焉；生而有疾惡焉，順是，故殘賊生而忠信亡焉；生而有耳目之欲，有好聲色焉，順是，故淫亂生而禮義文理亡焉。然則從人之性，順人之情，必出於爭奪，合於犯分亂理而歸於暴。故必將有師法之化，禮義之道，然後出於辭讓，合於文理，而歸於治。用此觀之，然則，人之性惡明矣。(〈性惡〉，頁934)

順此欲望的趨勢，可能致天下大亂，荀子提出對治「性惡」，必要有師法之化與禮義之道。這裡點出荀子的宗旨，世人都要接受師法的教化，這也是其生命教育的源起。當人們雖然都追求自己的利益，但在這樣的動力下，只要能經由師法的調教，也可以同時促進社會的公益，這就是儒學為人類所需的角色。

荀子不否認人的欲望之情，也沒有合理化的將欲望視而不見，他能正視人們變得頹廢、墮落與爭亂的根源，而追根究底地來開展人類的幸福，我們不能不讚嘆荀子智慧的深遠，儒者為了尋找人與自然的倫理秩序而奮鬥，開展人類社會價值，有別於先儒的理論，提出了獲得生命意義的方向。

二、調治欲望可以化性

人的生命存在的過程中，不斷的與周圍的人事物交往互動，並擷取或製造所需要的各種生活資源，以維繫人生命的順暢，歷東自然生命的歷程。在

〔註9〕張才興：〈荀子の「性」について〉《九州大学中國哲学論集》，第15号，1989年10月，頁2。

這過程，不可能一路順利，且是充滿了變數，致使人必須去面對各種問題，以及經歷各種好壞的遭遇，此時生命的發展必須找到出路，必須拆解窒礙、化除折難，這隨時考驗著人生智慧，只有以生命的衝力堅持奮進，才能衝破障阻，安然過關。

　　面對人類生命過程的常變、順逆、禍福、壽夭等人生的情狀，自古以來哲人也不斷去思索、解析以求得解決人生欲望的問題。然而每一個哲人的觀察面向不同，則產生了不同的生命答案，也產生了不同的生命教育方式，是否大家能口徑一致，歷史證明各家各派都是不同的說法，也各有不同的遵奉者，這些不同的生命觀點，應該如何判斷，該如何選擇，這個向度學者也有不同的見解〔註10〕。由於對生命觀點的體察不同，就由不同的詮釋或教育方式，如何從教育上教導大家正視現代人類對生命的認知觀點，進而重塑人的生命觀，這就是生命教育的所關注的意涵，這也是生命教育的核心部分，即道德與倫理的教育，鈕則誠認為：「前者偏重於教育實踐，而後者則在教育實踐之外，更強化倫理學或道德哲學的探討。」〔註11〕

　　荀子則以人之「性」就是原始的材質，這樣的材質有用與無用、好與不好等差異，故枸木要經過矯正，才能符合有用之材。人性也是一樣，必須要有聖人及禮義的教化，才能夠為善，因為性必須經過矯治，才能符合世間的標準，因此推論性是惡的。如云：

> 枸木必將待檃括、烝矯然後直；鈍金必將待礱厲然後利。今人之性惡，必將待師法然後正，得禮義然後治。今人無師法，則偏險而不正；無禮義，則悖亂而不治。古者聖王以人性惡，以為偏險而不正，悖亂而不治，是以為之起禮義、制法度，以矯飾人之情性而正之，以擾化人之情性而導之也。始皆出於治，合於道者也。今人之化師法，積文學，道禮義者為君子；縱性情，安恣睢，而違禮義者為小人。用此觀之，人之性惡明矣。（〈性惡〉，頁934～935）

以人必需經矯正後，才能夠善，故說明性之為惡者。林宏星認為：「荀子的性惡說乃可以看作是服務於其整個思想系統中的一個必要環節，亦即與孟子不

〔註10〕劉易齋提供三種對人生現象思考的態度與解釋：一、常識與民俗信仰的觀點。二、玄想與人文倫理的觀點。三、科學與技術的生命觀點。參見劉易齋等著：《生命教育》（台北：國立空中大學出版社，2011年1月），頁120～124。

〔註11〕鈕則誠：〈生命教育的哲學反思〉《哲學與文化》，第三十一卷第九期，2004年9月，頁49。

同，荀子主張應該在禮義法度之外王系統中來成就人的德性與社會的秩序。」
〔註12〕這樣的論證仍是強調「性」乃不可學、不可事之說，性可能為惡，故
需要聖王制禮義以矯治之，這樣的論證，說明人性也蘊含了可以向善的可能，
如此則知性雖為天生，仍然可以矯治，可以推論其性正是一種現象之性，而
非本質之性。

　　荀子思想中，有天生使然的一種隱微能力，這種能力具有一種主觀之分
析與判斷能力，經由此辯知之後，可以化為客觀的實踐，並依以對變化惡性。
這一過程就是「慮」，將慮實踐出來就是「偽」。故荀子的「慮」，是指人的主
觀意志俱備的思慮與決擇的能力；而「偽」的涵義，一指人生主觀意志思慮
的活動及過程；二指思慮活動外化為客觀的禮義法度。故人能將思慮、抉擇，
且能將思慮化為實踐的價值根源，指向人的心，「心」才是價值判斷的自覺主
體。李滌生認為：「言心體獨立自主，意志絕對自由，它支配一切，而不受任
何支配。」〔註13〕荀子的心，不僅俱有內在的價值判斷能力，並俱有外在之
學習與認知能力，故楊倞注曰：「心有選擇，能動而行之，則為矯佛其本性」
〔註14〕。故荀子認為性乃天生，人欲可能被縱順，但心卻必須思慮以求知於
禮義，故性就是一張白紙，可以被心、欲所影響，如云：

> 凡人之欲為善者，為性惡也。夫薄願厚，惡願美，狹願廣，貧願富，
> 賤願貴，苟無之中者，必求於外；故富而不願財，貴而不願勢；苟
> 有之中者，必不及於外。用此觀之，人之欲為善者，為性惡也。今
> 人之性固無禮義，故彊學而求有之也；性不知禮義，故思慮而求知
> 之也。然則生而已，則人無禮義，不知禮義。人無禮義則亂，不知
> 禮義則悖。然則生而已，則悖亂在己。用此觀之，人之性惡明矣。
> （〈性惡〉，頁942～943）

以概念的分析方式辯稱，人想要為善，是因為人本是惡的，想要追求更美好
的生活，此正可以證明人性本惡。而禮的起源，即說明由人生而有欲、爭而
致亂的事實。如韋政通說：「性偽的互依性，即禮義的無限效用，即在性偽之
互依並進中顯。」〔註15〕人如果是性善，則他生來就是善的，何必再求變成

〔註12〕林宏星：《合理性之尋求》（台北：臺大出版中心，2013年7月），頁157。
〔註13〕李滌生：《荀子集釋》（台北：臺灣學生書局，2000年3月），頁471。
〔註14〕楊倞注語，參見《荀子集釋》，頁487。
〔註15〕韋政通：《荀子與古代哲學》（台北：臺灣商務印書館，1997年4月），頁76。

善呢？因此性偽相互為依，禮義可以無限地矯治性惡，人可以因禮義而達至
美善，這就可以說明人本來是性惡的。

　　然而這樣的心又與道家「虛靜」之心不同。勞思光認為：「荀子之心，為
一不含理之空心，並非道德主體……其功用僅是在虛靜中照見萬理，與道家
所說之『心』相近，而與儒家所言之『心』相去甚遠，更非孟子所言之『性』。」
〔註16〕韋政通也說：「荀子除『在具體生活中不時隱約有對道德心的體會』
外，而且他生長在以道為中心的傳統中，耳染目濡，不覺中襲取的就更多，
這些不自覺的言論，就容易形成文字表面的混淆，但並不能掩飾『體會自體
會，系統自系統』兩者之間的分裂。最顯著的例子，就是荀子一方言心之主
宰義，一方又不承認性善，就是由這種分裂所形成的矛盾。這矛盾即啟示我
們對那些偶然的異質言論，實不足採證。」〔註17〕兩位學者都認為，荀子的
心只有照理，而沒有生理的作用，若偶有特別感受的雜言，不足為奇，並不
是其主要的根據。

　　性是如枸木一般，他就可以為惡，也可以為善，於是儒者的世間意義，
就是出現在此，以大儒可以提供禮義，將人性化為善，這正是荀子生命教育
的重點所在，故云：

　　　　問者曰：「禮義積偽者是人之性，故聖人能生之也。」應之曰：「是
　　　　不然。夫陶人埏埴而生瓦，然則瓦埴豈陶人之性也哉？工人斷木而
　　　　生器，然則器木豈工人之性也哉？夫聖人之於禮義也，辟亦陶埏而
　　　　生之也。然則禮義積偽者，豈人之本性也哉？」（〈性惡〉，頁 950）

聖人先洞燭機先倡禮義於前，然而聖人外化地將禮義作出來的，且成為人的
行為標準，但禮義仍然不是聖人本性中所自有的，也是要透過修養然後具備。
而這種將禮義當作言行標準的概念，便說明人之性的內涵與禮義的內涵永遠
不能同一，於是人性的內涵不具禮義，只好另求它途；然而衡諸現實中眾人
為惡的現象，則人性的內涵必然有具有惡的本質。

　　荀子對性惡之辨證，是針對現實之惡的事實而提出，想要對治現實之惡，
則須有一能治之善，這就是的禮義。荀子認為，由於人的性惡，故聖人設禮
義、刑罰於前，為了防止天下悖亂，人人有更好的生活，由此決定了聖人制

〔註16〕勞思光：《中國哲學史》第一卷（台北：三民書局，1980 年 11 月），頁 323。
〔註17〕韋政通：《荀子與古代哲學》（台北：臺灣商務印書館，1997 年 4 月），頁
　　　　146。

禮的基源與理由。故伽達默爾曾說:「在精神科學裡,我們的各種形式歷史傳承物,盡管都成了探究的對象,但同時在它們中真理也得到了表達。對歷史傳承物的經驗,在根本上超越了它們中可被探究的東西。」〔註18〕荀子提出性惡的說法,所要建立的正是為了實現並完成禮義的整體功用,這樣的歷史傳承經驗並須要人親自參與其中,並以之實踐原理,然而可以獲得到真理。

在荀子從現象論說起,以人為了滿足生理需要,抒發內心情感時,未傷害他人、未損害他人,只是滿足自己的生理需求,抒發內心的情感,則其結果並不會造成人與人之間的紛爭。反之欲望的不知節制,偏險悖亂就會引起社會的爭鬥混亂,彼此互相傷害。因此,荀子所謂的善惡,都是人滿足性情,在選擇過程中導致的結果,非先驗獲得,而是後天導致的。荀子的「性惡」之論,是正視人天生具有的生理需要、內心情感,在追求滿足的現象過程中,可能形成的在對性情心的內在矛盾的基礎上所進行的思想。

三、人性與情欲之間的關係與發展

荀子的「性惡」說,是對當時各家學派和思想都有所了解,又針對性地提出批判,並把當時各家思想的精要,注入其禮之中。同時,荀子還能與了當時一些執政者的對話,表達自己的思想,他的性惡說的理論與開展,充分表達在《荀子》一書,對後來的中國社會有著深遠的影響。

對社會秩序的思考及現象的實情,荀子認為人性中的欲必須要有禮的制約,方能將社會國家導向治道,故李哲賢說:「人心大壞,禮已不足應付時代的需求,而失其效用,荀子思有以救之。其於禮,則較重制度義上,故視禮為一全然客觀的存在,且欲使禮具有可施諸人人及約束人人之價值與效用。」〔註19〕其以欲望之情性為惡的判斷上,說明人性是惡,其對性的界說,如云:

> 生之所以然者,謂之性。性之和所生,精合感應,不事而自然,謂
> 之性。(〈正名〉,頁882)

「生」意謂天生如此,凡是符合或具備了「生」的性質、條件或要求者,就可算是「性」,亦即「性」的形式條件在「天生的」、「與生俱來的」。李滌生云:

〔註18〕伽達默爾:《真理與方法I》(北京:北京商務印書館,2013年),序頁5。
〔註19〕李哲賢:《荀子之核心思想──「禮義之統」及其時代意義》(台北:文津出版社,1994年8月),頁35。

「由生理機能所生感官的精靈與外物相接觸，這引起主觀的反應，這種反應，不待學習而自然如此，這也是性。」〔註20〕如此可以判斷，荀子的觀點或類似於告子「生之謂性」的說法，其認為性「無善無不善」的主張，認為道德是的中立，仁義由人為建構而成的，人天生的感官欲望是最根本的特徵。陳大齊也將「生之所以然」與「不事而自然」解作同義。〔註21〕從所以然到自然，都是性的自然本質表現，與告子之說相同。告子將人性比喻為水，告子曰：「性猶湍水也，決諸東方則東流，決諸西方則西流。人性之無分於善不善也，猶水之無分於東西也。」〔註22〕水的柔順可被導引到任何特定的方向，這是兩人相似性之說。

　　從諸家注說均傾向於告子的說法。如楊倞〔註23〕注云：「言人之性，和氣所生，精合感應，不使而自然。言其天性如此。精合，謂若耳目之精靈與見聞之物合也。感應，謂外物感心而來應也。」〔註24〕此性能與外在相感相應，這應是不依靠任何人為構思或先驗的預設，乃是自然生起，此為人性的自然本義，是人與生俱來之性，在經驗的世界中接觸各種事物後會產生許多主觀的反應活動，如耳目與接觸事物後便有辨聲之反應，此又是分辨之義。王先謙釋云：

> 「性之和所生」，當作「生之和所生」。此「生」字與上「生之」同，亦謂人生也。兩「謂之性」相儷。「生之所以然者謂之性」，「生之」、「不事而自然者謂之性」，文義甚明。若云性之事而自然者謂之性，則不詞矣。〔註25〕

王先謙有著明顯嚴格秩序觀念，有強烈人倫禮制的要求，所以其荀學的重心都擺在對世局的「感激而出」，所以有性惡之論，以人性之惡而必要針砭辨治

〔註20〕李滌生：《荀子集釋》（台北：臺灣學生書局，2000年3月），頁508。

〔註21〕陳大齊：《荀子學說》（台北：中國文化大學出版社，1989年5月），頁39。

〔註22〕朱熹注：《孟子·告子上》（台北：鵝湖出版社，2008年），頁325。

〔註23〕楊倞，唐憲宗年間，河南弘農（今河南省靈寶縣）人，生卒年不詳。梁啟雄《荀子簡釋》謂：「《荀子》以久晦之故，楊倞已謂『編簡爛脫』，後世傳鈔轉刻者，又多沿襲謬；更以奧誼艱辭，多難索解。」（台北：木鐸出版社，1983年8月），頁8。

〔註24〕楊倞注，參見王先謙：《荀子集解》（北京：中華書局，2013年4月），頁487。

〔註25〕王先謙注語，參見王先謙：《荀子集解》，頁274。陳大齊也將「生之所以然」與「不事而自然」解作同義。參見氏著：《荀子學說》（台北：中國文化大學出版社，1989年5月），頁39。

之，故就時代、環境與人情而言，荀子必須要提出一套對治的方法，故對於荀子維持著高度肯定。又如釋「性」的問題，則仍以「生之謂性」的詮釋路線，另一方面也從人生而有欲來說明「性」的內容，即「不事而自然」也。

梁啟雄則認為：「生之所以然謂之性，指天賦的本質，生理學上的性。不事而自然謂之性，指天賦的本能，心理學上的性。」〔註26〕這也是從生理說天生之義，及以心理說本能作用之義，然不論生理心理或天生、本能，都只是不分而分的粗糙之說。牟宗三乃是以「生」來解性，視其言天性意義相同，故云：「于人中見出有被治之一面，有能治之一面。而能治之一面名曰天，被治之一面名曰人。……吾人即以此天而治荀子之所謂天，是以人即以其自己之天而治質自己之人也，此則統體透出之學。」〔註27〕此說乃以荀子的定義來解荀子之說，為了化解天、性不能合一的說法，將天生之生，一方面有天的所治，一方面有生的能治，如此則能統體整合天、生、性為一，這說法是站在孟子的系統來看荀子。徐復觀則認為性有兩個層面，如云：

> 性之和所生，一句之性字，正承上面所說的生之所以然的『性』字
> 而言，這指的是上一層次、最根本的性，這也可以說是先天的性。
> 由此先天的性與生的理想和合所產生的官能之精靈，與外物相合，
> 外物接觸於官能所引起的官能的反應，如饑欲食及目辨色等，都是
> 不必經過人為的構想，而自然如此，這也是謂之性，這是下一層次
> 的，在經驗中可以直接把握得到的性、所以生、所以然，有形上的
> 意義；生之，生而即有的，則完全是經驗中的現象。〔註28〕

這是採性的天生內外或上下來分判，即性來自天生的自然，此天生自然中又帶有人類特別的作用即能辨知感應，是為經驗的功能。

觀荀子思想對性的理解，也有一種結構性的說明，故其書中常有「情性」、「性情」等並舉，描述的內容多屬情欲之類，此外亦有將「性」視為情欲一面者；關於此，荀子曾對「性」、「情」、「欲」的關係提出說明。如云：

〔註26〕梁啟雄：《荀子柬釋》，頁309。

〔註27〕牟宗三：《名家與荀子》（台北：聯經出版社，2006年9月），頁222。

〔註28〕徐復觀：《中國人性論史‧先秦篇》（台北：臺灣商務印書館，2010年），頁233。又牟宗三也認為以「生」來解性，而視其言性意義相同，同時也將「所以然」區分成形而上，本體論的推證說，以及形而下從物理現象之經驗的推說，參見牟宗三：《心體與性體（一）》（台北：正中書局，2008年1月），頁88。

　　性者，天之就也；情者，性之質也；欲者，情之應也。以所欲為可

　　得而求之，情之所必不免也；以為可而道之，知所必出也。(〈正名〉，

　　頁 915)

「性者，天之就」義同於「生之所以然者」乃是一種形式上定義，「性」之原初意思就是天生的、與生俱來的、命定的，性成於先天之自然；「情者，性之質」，用情來說性的具體表現，情是性的本質，是強調情的內容義，情所指涉偏向喜怒哀樂等情感；「欲者，情之應」，欲是情所抒發的反應、感應，可說欲是應情而生的，這在強調其活動義，而欲所指涉偏向口腹男女聲色等欲望。由是觀之，性、情、欲雖然分開界定，但實質內容並無法分別劃開，所指涉者實為同一對象。

　　徐復觀說：「荀子雖然在概念上把性、情、欲三者加以界定；但在事實上，性、情、欲，是一個東西的三個名稱。而荀子性論的特色，正在於以欲為性。所以他說『故雖為守門，欲不可去，性之具也』。」[註29] 這個說法，大部分學者認同，以荀子的欲可以分為生理的欲望與心理的欲望兩個方面，認為欲望求得滿足是自然而不可避免，在其他的篇章中，更進一步枚舉「性」的實質內容。

　　又荀子從性、情、欲三重關係，說明人如果放任其性情而不加以節制，必導致行為之惡，違反正理平治之要求，由此證明人之性惡。官感欲望一切都是天性使然，是自然中直接承受，也不對其有所作為，自然而然就已經在人身上本性。但禹桀的社會作用畢竟是不一樣的，禹能將社會治理成一個正理平治的世間，桀卻可能天下盪亂而禮義文理亡失。

　　故荀子以「禮」能對治性使其成為人生在世的標準——「理」，失禮則不能對治性，而形就了桀一般的「欲」之亂世，也可知荀子的思想，是重在制欲而不是重在知性。人性之欲生而有好利、疾惡、耳目之欲，順著這樣的趨勢發展，可能導致天下大亂，故性惡可以說明這一趨勢。然而，就人之本性而言，好利、疾惡、耳目之欲的自然欲求，仍可以不必然是性惡的，荀子認為當人們在本性發動的時候，必因需求之衝突而致為惡作亂，於是由之可以得證性惡之說，也就是這些「好利、疾惡、耳目之欲」有向著作惡的方向活動的發展可能。又云：

〔註29〕徐復觀：《中國人性論史——先秦篇》（台北：臺灣商務印書館，2010 年 7
　　　　月），頁234。

> 凡性者，天之就也，不可學，不可事。……不可學，不可事，而在
> 人者，謂之性（〈性惡〉，頁 938）
>
> 性者，本始材樸也。（〈禮論〉，頁 780）

性為天所生的，不必經由學習、不必勉力作為而有的。以「性」為「本始材樸」，指出其原初之狀態，質樸的、中性的、沒有道德價值的成份，故荀子所言之「性」符合「生」的條件。可知，性之形式定義為「天生的」、「與生俱來的」。〔註30〕故所有的人，不論凡聖賢愚不肖都有天生的欲望，自然欲求上是同樣的，這樣的發展性可能為欲所轉向，蓋性是無善惡的，但欲卻帶有惡，欲是不可避免，欲又必須求得滿足，因此看到了一種社會爭亂的源頭，那就是欲的失控。故云：

> 凡人有所一同。飢而欲食，寒而欲煖，勞而欲息，好利而惡害。是
> 人之所生而有也，是無待而然者也，是禹桀之所同也。目辨黑白美
> 惡，耳辨音聲清濁，口辨酸鹹甘苦，鼻辨芬芳腥臊，骨體膚理辨寒
> 暑疾養。是又人之所常生而有也，是無待而然者也，是禹桀之所同
> 也。可以為堯、禹，可以為桀、跖，可以為工匠，可以為農賈，在
> 勢注錯習俗之所積爾。是又人之所生而有也，是無待而然者也，是
> 禹、桀之所同也。（〈榮辱〉，頁 141）

從荀子的理論中，我們可以看到，他對「人性」的理解，非只就天生自然是說，比以前的學者更為復雜。從「天之就也」、「本始材樸」的觀點，荀子傾向於人性是出於自然，是最原始、最樸實的人性。這種性最基本的表現就是體個的生存與種族的延續，而且是人類基本的材性。然而只說性之條件為「天生的」、「與生俱來的」，似乎還不是荀子的全部意思，荀子說「性」其實是指出「欲」的觀點，其一切禮的基源乃是來自於對「欲」的瞭解與掌握，故可以此觀點來稱述荀子對性之看法，乃是「以欲言性」。

四、人可以為禹

　　荀子的人性觀，由其對性的界義及性惡說的可能發展，故荀子有想要改變時勢的企圖，主張人通過禮義而可以成就聖人。張岩說：「中國古代文明一

〔註30〕李哲賢：「中國哲人自周秦以降，性字多作生字解。人類受命以生，或依天意，或本天命，或法自然，成就在人，形成一體，皆可謂之性也。」參見李哲賢：《荀子之核心思想》（台北：文津出版社，1994 年 8 月），頁 64。

一夏商西周的禮樂文化和制度的形成並非『神話』，而是真實的歷史事件」。
〔註31〕荀子依歷史的證驗，其以禮為人的存在要素，從天生到人文，一切都
有根據，聖人其實是荀子禮思想中，最重要的核心，因為一切禮義都是生於
聖人，然而聖人也是「類的人」〔註32〕，人性沒有不同，聖人與我同類，故
有「塗之人可以為禹」之說，如云：

> 「塗之人可以為禹。」曷謂也？曰：凡禹之所以為禹者，以其為仁
> 義、法正也。然則仁義、法正有可知可能之理。然而塗之人也，皆
> 有可以知仁義法正之質，皆有可以能仁義、法正之具，然則其可以
> 為禹明矣。
>
> 今使塗之人者，以其可以知之質，可以能之具，本夫仁義法正之可
> 知可能之理，可能之具，然則其可以為禹明矣。今使塗之人伏術為
> 學，專心一志，思索孰察，加日縣久，積善而不息，則通於神明，
> 參於天地矣。故聖人者，人之所積而致矣。（〈性惡〉，頁 950～951）

人人都可以成為禹，即人人都可以成為聖人。但是要怎麼做呢？荀子指出，
禹成為禹的關鍵在於其「仁義法正」，而仁義法正就是指「心」。世間上每一
個人，對內可知道父子之義，對外知道君臣之正，那麼可以知道的本質，可
行之的材具，本在就存在於市途人之中，這是很明顯的道理，所依此市途的
人也可以成為大禹。當塗之人可道為學，專心一志，思慮熟察，假以時日，積
累善行，不曾中斷，則可以通於神明，參分天地，終成為聖人，二是人所積累
善德而成就的。可知人的心就是由惡向善之路。又云：

> 可以而不可使也。故小人可以為君子而不肯為君子；君子可以為小
> 人，而不肯為小人。小人、君子者，未嘗不可以相為也，然而不相
> 為者，可以而不可使也。故塗之人可以為禹，則然塗之人能為禹，
> 未必然也。雖不能為禹，無害可以為禹。（〈性惡〉，頁 954）

君子和小人的先天條件是一樣的，他們都可以經由「偽」的修持，即經過學
習禮的過程而為聖人、君子。小人積禮義則升為君子；但君子棄禮義則降而

〔註31〕張岩：《從部落文明到禮樂制度》（上海：上海三聯書店，2004 年 5 月），頁 178～181。
〔註32〕楊長鎮云：「類，即族類之整體，或具有名皆等位之種種牽連而嚴格地言不可能謂之『個體』而孤立存在的『類的人』。在實踐論層面說，個體之全其天功是不外或體或族類之牽連或共存而全的。」參閱，氏著：《荀子類的存有論研究》（台北：文津出版社，1996 年 5 月），頁 32。

成小人。所以能不能成為聖人跟禹沒有關係，而在於自己，只有自己能否掌握自己學習的關鍵，就是依聖人的禮義才能化起偽。

人的喜怒哀樂好惡等都是性的內容，故情性互為表裡，都是天生使然，故人順情性而發，容易產生惡的結果。只有經過「化性起偽」才能有所改變。當人人學禮知禮而行禮，禮存在於心中，體現於言行舉止上，並提高了人生境界；但若學習停留在感官耳目，而不及於禮憲，則知禮也只限於禮節儀式的表面行式，根本未及禮的本質，故荀子認為只有學禮才能漸漸累積習成為君子。

五、學者對性惡的看法

就荀子思想的諸多疏解中，談到荀子性惡之論，認為他只是要與人之偽的相對照，離開了這個對較反照關係，單言「性」則無性惡可說。故唐君毅認為，其實荀子所謂性，無論指心或指欲，都無所謂善惡，荀子說性惡，是強調過當，容易引起誤解，或可改為善偽論。認為荀子重人之對天，是盡人事以參之，人事所以能成，不是自然天地萬物所本有，而是人事與天地之事相配，以成其三，即天、人、禮，如此才能「天地生君子，君子理天地。」（〈王制〉），故人與天地是一對等交互，人以禮而回應於天。如唐君毅云：「荀子常謂人能知道義或禮義，則道義或禮義得，而欲亦得；如不知道義禮義，而只順其欲，則恆歸於道義禮義失，而欲亦失。」〔註33〕禮義得則欲也得，禮義失則欲也失，所以要享其欲就要知其禮義，禮義與人欲同在一心，但這就看出君子小人的不同。又「君子」和「小人」的差別，就在於是否有得到師法禮義教化，沒有師法禮義，則將會縱情性、安恣睢、違禮義，必然成為盜賊、怪亂、姦邪，以致性惡猖獗，小人之行充斥於世間；反之，如果能明禮義、起法正，則能化能治，天下歸於善也。故知禮義之起乃是為人之性惡，今之人必等師法禮義之化而後善，所以認為人之性惡。

徐復觀以完全的經驗論者來看待荀子人性論的論述，他說：「欲了解荀子的思想，須先了解其經驗地性格，即是他一切的論據，皆立足於感官所能經驗得到的範圍之內。為了感官經驗所不及的，便不寄與信任。」〔註34〕可知

〔註33〕唐君毅：《中國哲學原論・原道篇》卷一（台北：臺灣學生書局，2004 年 10 月），頁 485。

〔註34〕徐復觀：《中國人性論史・先秦篇》（台北：臺灣學生書局，2010 年 7 月），頁 224。

徐先生考察的見解，荀子是一位經驗主義者，非經驗所符應者不是他考量的範疇，認為荀子從官能的欲望方面來說性惡，而未嘗從官能的能力方面來說性而惡，他認為荀子論性有兩個方面：「如目好色，耳好聲，即耳目的欲望是一個方面；但目明而耳聰，即耳目的能力，又是一個方面。」〔註35〕所以荀子言性是分為欲與心的層次，一方面是以欲為性，故有好利的情形，但性中又有心，心能慮能擇，則有認識能力，必須以認識「道」才能決定向善，故性一欲一心一道之間又有微妙的分辨。

　　牟宗三在《名家與荀子》〔註36〕一書，對荀子做過疏理與分判，然其基本路線，仍是秉宋明理學的路子，以孔孟為精神來判定荀學。牟先生認為，孔孟言與天合德，其天乃形上的天，德化的天，荀子卻不能達至此義，而與天無可合。雖言「參義」則孔孟荀皆可言，孔孟之天是正面的，荀子之天是負面的，故在被治之列，人性也是被治的。性惡之性是負面的，其實其本質無所謂惡，只是自然，順之而無節，則至於惡，此乃荀子所謂惡，如牟宗三說：「從歷史發展說，能實現合理之自由，有『一人』之主體的自由，在政治形態上，亦是一進步。荀子所開出之『知性主體』與『自然』之關係，即理解型態之表現於科學知識一面，則後來無能承之者。荀子之學一直無人講，其精神一直無人解。此中國歷史之大不幸。不能注意其正面之價值，而上繫之於孔孟，而只注意其流弊，遂視之為開啟李斯韓非矣。」〔註37〕他認為荀子剛健質樸的個性情態，以自然力量的展現毫不矯飾，以一種科學的精神，隨其學問的積習，辨別各種學說的合理與真偽、以知性的倫理秩序之心，開出重民生根本，如此而誠其心則勸化精神、君子之至德備，而與天地萬物化矣。中國就是缺乏這學說，然而荀子在二千多年以前就已經為後人開闢，韓非、李斯承襲其思想，大開君王功業，成就二千年來的事功，所有的諸子百家思想中，真正開花結果的只有荀子。然而謂「中國歷史之大不幸」，是指後人沒有繼續開發這樣的思想，造成歷史的缺憾，有待後人繼續開拓。他認為荀子的惡並不是本質的惡，只是荀子依世間現象之惡，而自行定義的惡。

　　孟子和荀子的說法都發揮了孔子仁學的面向，分別提出「性善」和「性

〔註35〕徐復觀：《中國人性論史・先秦篇》（臺北：臺灣學生書局，2010 年 7 月），頁 243。

〔註36〕牟宗三：《名家與荀子》（臺北：臺灣學生書局，2006 年 9 月）。

〔註37〕牟宗三：《歷史哲學》（香港：新亞研究所叢刊，1988 年 9 月），頁 128。

惡」的詮釋論述，其差異之處在以「攝禮歸仁」及「以禮顯仁」的不同，主客觀的精神開展下，又見其道德與倫理的訴求不同，然而立論精神卻都歸向孔子「仁」之初衷。馮友蘭指出：「孟軻主張性善，是企圖以此證明奴隸社會的道德原則和秩序是出乎自然。荀況主張性惡，是企圖以此證明封建社會的道德和秩序是出乎必要。」〔註38〕性善與性惡之說都是出於一種存心，即建立道德的社會與倫理的秩序都是儒家的訴求，只是時代的不同、個性的不同以及立場的不同而開出不同面向的主張，而這樣主張都可以說，歸源於孔子之仁學。故學者楊筠如說：「性惡說確是孟子主張性善的反響，但是他何以會發生這種反響，這又因為時勢背景的關係。戰國時代人心的狡詐，我們只要翻《戰國策》便可了然。……荀子看了這種人心，那能不激為性惡之論。」〔註39〕當孟子的時代，新興地主階級代表人——商鞅主張改革，推行法治，提倡戰爭，從而建立起中央集權的專制國家。孟子反對商鞅等人的觀點，主張恢復孔子的之說，施行仁政，並將「仁」的思想詮解為天賦道德的「性善」之論，從而為其「仁政」思想立下理論基礎。

綜觀上述，如果有人說人性是純真的、本善的，探討其所進行的論述或考察，其實都難免形成獨斷、隱含的、或不自覺的定義之上，他們終究會認為：人類的本能行為，就是那些對自己有益或使個體感到愉悅的行為，說這樣的行為可以帶動全人類的行為。如此將會陷入預設性的定義，這正是承認人類的行為，是可以使自己得快樂，為了滿足這樣的利益，不知不覺就預設了這樣的思想，然而性本善與原罪之說，似乎也成了各說各話之詞。心理學家馬斯洛（Abraham Harold Maslow，1908～1970）認為，以人們的角度來看，對人性問題不應該有所偏見，我們不該假定人性是自私或是無私，是好是壞，故說：「如果把自私和人性問題用科學公正的態度加以研究，我們就必須找到合適的詞語，並給出更加精確和有意義的定義。為了避免價值判斷對定義和詞語的影響，我們必須使用更加客觀的，不涉及價值判斷的術語。」〔註40〕人為了使自己感到愉悅，而所進行的行為是屬於自私自利？這是人天賦的本性？或是後天環境的影響？人類千百年來各有說法，可以說有關於人性價值

〔註38〕馮友蘭：《中國哲學史》上冊（台北：臺灣商務印書館，2015年11月），頁54。

〔註39〕楊筠如：《荀子研究》（台北：台灣商務印書館，1974年8月），頁36。

〔註40〕〔美〕馬斯洛著，唐譯編譯：《人本哲學》（長春：吉林出版集團，2013年6月），頁8～9。

的說法，不論是本善或原罪之說，都不能離開人性可以矯治的觀點，而朝向理想的生命情境，基於此荀子採用天生自然的說法，反而是較為客觀的。

荀子所主張的「性」是關乎一種原始質樸的素材，就像生命之自然，人之出生並好或壞可言，真正對於生命進行改變或是塑形工作的是其後天的人為施設及其環境，所有的價值性都是後天經驗所賦予的。因此，荀子說人類的發展從個人到社會，「順是」以標舉出文明進程的經驗互動，人的天生質素可能被加以惡化，但聖人以其經驗價值之積累將以重塑，使人重獲價值。荀子以漸積經驗的外王之學，著重理性生命的自覺、能不斷地解除蔽端、掙脫不符理性的惡，攀升至更高禮理的境界。然欲望本為人世的真實，人本來就是處在整體之中，現象隨著歷史而演進，欲望的現象會不斷有所變化，成為一種非本真的存在，故聖王的出現可將這種「弱性向善」導向意義的真實，故名為「化性起偽」，這就是一種向善的生命倫理觀，乃屬於對生命樹的建構模式，是百年樹人觀的生命教育。

學者劉又銘則提出其對荀子的人性觀點之論述：

（一）人性其實就是心的自然情感自然欲望和認知能力的綜合，在情感、欲望、認知能力之外並沒有其他什麼神妙的存在可以作為人性的內涵。

（二）自然情感、自然欲望當中蘊涵著內在的節文律則，把這節文律則顯明、凝定就是禮義，當人遵行了禮義，生命全體便有了安穩和諧的效應效驗。

（三）認知能力當中包含著素樸的或者說有限度有條件的道德直覺，因此當這認知能力經過培養後便可以用來學得、知得禮義，並進而遵行禮義，成就人間的善。

從以上三個觀點他提出荀子的人性其實是向善的發展，如云：「荀子的人性論表面上是性惡論，但它實質上卻是孟子性善論之外另一種型態的儒家性善論，可以稱作『弱性善觀』。」〔註41〕這種弱性善觀乃是尚未得到聖人的教化，故對於教化的作為上，荀子更甚於先儒。

荀子的性惡說，實際也是當時新貧富階級制度的反映，他跳脫仁政的方式的禮治精神，將人的類別劃分定位，縮小禮的範圍，以物質分配為前提，

〔註41〕劉又銘：〈論荀子的哲學典範及其流變〉，「荀子研究的回顧與開創」國際學術研討會（雲林：雲林科技大學，2006 年 2 月 17～18 日），頁 4。

將禮外化為法度，主張賞罰制裁的禮治觀點，故「荀子的禮治，已經很與法治的精神接近，他是禮治法治過渡期間的一個代表人物。」〔註42〕其重視客觀的法制標準，將法治推動禮教的進行，如此禮法並治，其用以展開另一模式的儒學樣貌。

第二節　化性起偽的價值開創

　　荀子的性惡說，是指稱一種人間現實的存在，他的觀點不是重在強調人性之善惡，而且在〈性惡〉的論述中也表達，「惡」的現象要在「爭奪」的亂象中才可能表現。故荀子的「惡」，是在人在進入社會層面之後，人與人的關係中才會存在。故論「性惡」的說法，「並不是一種『本質性』的定義。」〔註43〕那是一種人際生活的說法，這一種存在現象是當人生下的這身體之狀態就具有的性，是這個身體所賦予的，雖然是生而有之，但那不是一種先驗的原則，不是本質性的存在，即是「以欲說性」的那種狀態。欲望是世間的真實，人本來就是處在整體之中，現象隨著歷史而演進，欲望的現象會不斷有所變化，成為一種非本真的存在，故聖人的教化可將這種非本真導向意義的真實。

　　性惡之說可謂是一種對治的意義，荀子禮架構正是以此種對治之「意義」而立論，這正如奧地利心理學家——弗蘭克（Viktor Emil Frankl，1905～1997）所提出「意義治療」（Logotherapy）的說法，如云：「意義治療學並不能為我們指明個人自己的生命意義是什麼，但經由引領我們一起探索，過去的人們如何從這些價值領域中尋找到他們自身的意義。」〔註44〕從意義的探尋與獲得，人能在現象的困境中找回價值，這正是荀子以性惡為禮的基源主張，當弗蘭克提出「意義取向」時，以存在先於本質的態度來觀看，某一程度化解了荀子被學者所認為的矛盾，當性不在於善或惡，而是「對於人所處的存在

〔註42〕楊筠如：《荀子研究》（台北：台灣商務印書館，1974年8月），頁142。
〔註43〕張亨：〈荀子的禮法思想試論〉《思文之際論集：儒道思想的現代詮釋》（臺北：允晨文化，1997年11月），頁158。
〔註44〕弗蘭克著：《生命的主題》（台北：遠流出版社，1999年5月），頁351。維克多‧弗蘭克（Viktor Emil Frankl，1905～1997）是奧地利的猶太籍人，是維也納大學的神經暨精神病學教授，意義治療法是其所創的精神醫學療法，也稱為「第三維也納學派」。有關弗蘭克的傳記，可參閱《意義的呼喚》（台北：心靈工坊，2010年7月）一書。

環境，必須正式地去面對，以一種生命的實存性看待天道與人性的考驗」〔註45〕，詮釋性是來自歷史的存在，性惡與禮世界有了關聯，這關聯是意義的起源，讓荀子建立從性惡到化性起偽之所可能，以性惡意義、聖人教化和禮宇宙觀等三重關係，來探討荀子性惡思想的路線。

　　本節對荀子性惡的觀點，其早已開出對人性意義的論述，而且提供各種對治的方法，目前西方學者由弗蘭克提生命「意義」的分析，頗符合荀子的觀點，如其以「人真正最需要的是為了某一值得的目標而奮鬥掙扎……是喚醒那等待他去實現在的潛在意義。心靈動力在緊張的兩極之中，一是代表需要實現的意義，另一極代表必須實現此意義的人。」〔註46〕依此論述荀子提出聖人以因「性惡」而制禮義，其以人性與禮（理）性的三種觀點出發，教導人在「創造的價值」、「經驗的價值」與「態度的價值」〔註47〕，去面對生活的困限，與命運共舞的態度，以成就禮的生命價值觀。

一、性惡說「創造的價值」

　　荀子建構禮的基源，首先看到了諸侯自行其道，展現野心想要爭霸天下各種學說不斷地主導國家的方向，人民為了求生存而相互爭奪，社會也可能在這樣的爭亂之下而有脫序的運作，故在歷史相遇與儒者使命之下，只有提出先王之道來解決當前問題。他認為「禮是先王之道，當今諸侯治國之道的論證，從歷史和理論的雙重維度說明了禮的政治職能和政治意義。」〔註48〕他看到了人性之可能趨惡，又人們對於天道之說紛起迷信與傳訛，為使人性免於向惡，在合理分配物資，以滿足人的生理需求，從得到聖人禮治化育，以建立正理平治的社會。

　　故「創造的價值」方面，荀子以人性觀開創出現實的意義，人就是在生活中體現出人生的意義。故創造活動中所實現的價值，如人生活創造活動的

〔註45〕李天命說：「在世界之上，沒有上帝存在，在世界之中，都是荒謬的事實，我們無法將事物套在合理的範疇中，事物只是『在那裡』存在著。在這樣的世界中存有的人，並不先就具有什麼本質。」參見，李天命：《存在主義概論》（台北：臺灣學生書局，2008 年 9 月），頁 98。

〔註46〕弗蘭克著：《活出意義——從集中營說到存在主義》（台北：光啟文化，2010 年 10 月），頁 130。

〔註47〕弗蘭克著：〈意義分析的起源〉《生命的主題》（台北：遠流出版社，1999 年 5 月），頁 351～354。

〔註48〕陸建華：《荀子禮學研究》（安徽：安徽大學出版社，2004 年 12 月），頁 32。

呈現，通過實現創造的價值，以體會人生的意義，弗蘭克說：「藉著對生命的付出與奉獻，如我們的創造成就」〔註49〕。這裡言創造就是人在生活中一切付出與努力，也就是在於對治性惡的過程，人可能的一切開創，因為「人不能免於世物、心理或社會上各種情境的管制，但對於這些限制人卻永遠保有選擇自己的自由，也就是人可以超越存有所加之於形體與精神上的限制」〔註50〕，由於性惡所加諸於人類的限制，荀子卻在這樣的限制中找到意義，因性惡而生的禮義法度，也成為人的生活的指導。

當荀子提性惡之說時，他已經看到了人類社會的趨向，這樣的趨向讓他提出「禮」的意義，而且可以讓一禮指向到一禮，因而展開禮的宇宙觀。雖然人具性惡的存在，就如弗蘭克所謂的「存在的挫折」，他不是本質的呈現，是「時代集體性神經症的代表」〔註51〕，只有透過聖人禮義的引導，才能化解人性各種惡的問題，並以輔導各種學說的不足。

二、性惡說「經驗的價值」

荀子認為人生都需要經歷與積習，這些生命過程不斷累積人的客觀之理性，也才能符應先人所流傳下來的智慧。故「經驗的價值」，乃指人性雖然可能為惡，但因為不斷學習與智慧的累積，人生的價值在經驗中被實現，而被人所肯定或認同，人與物境互動的關係中包含著意義，也因此而有了對生命的深化度。如弗蘭克說：「透過我們對世界的感受，如我們對經驗的體認」、「人不止從他的行為、工作和創作中發現生命的意義，也透過他自己的體驗，他與這世界中真善美的交會，還有透過與他獨特性質的交會，而肯定生命的意義。」〔註52〕當荀子將禮義推於聖人之制定，他不是以道德意志來制定禮義，而是以清明的知能，累積經驗而得以創造禮義。因為聖人從虛壹而靜而不斷解蔽，從而擁有大清明心，因此聖人獨特的修身過程，乃由可能性過渡到存在性的過程，這便是說明人的一種經驗價值，以此經驗來說明性惡的意

〔註49〕弗蘭克著，黃宗仁譯：《從存在主義到精神分析》（台北：杏文出版社，1986年8月），頁13。

〔註50〕弗蘭克：《從存在主義到精神分析》（台北：杏文出版社，1986年8月），頁3。

〔註51〕弗蘭克：《從存在主義到精神分析》（台北：杏文出版社，1986年8月），頁18。

〔註52〕弗蘭克：《從存在主義到精神分析》（台北：杏文出版社，1986年8月），頁15。

義。正如海德格說：「真理現象的生存論存在論闡釋得出命題：1. 在最源始的意義上，真理乃是此在的展開狀態，而此在的展開狀態中，包含有世內存在者的揭示狀態。2. 此在同樣源始地在真理和不真中。」〔註53〕我們將真理指向荀子的禮義，禮義不斷在人性為惡的歷史中開展，只有透過聖人才能揭示意義的內涵。聖人就是那存在者，祂知道在現實之不真的性惡，只有將禮義才能真正將「道」揭示於世間。

荀子思想的獨特之處，就在於其對社會演進的憂慮，從生之謂性的、唯物的自然天，演化到純粹虛無的、唯心的義理天，他憂慮到人民對天的無知，可能厭造成道德的淪喪，且當人民對此全無所知之時，他率先而起，表達學者對天與命之說不滿，以及對壓迫文明存在的戰爭，人民無以為繼的生活理想，都是現實所不適用的。徐復觀認為：「任何思想的形成，總要受某一個想的特殊的歷史條件之影響。歷史的特殊性，即成為某一思想的特殊性。」〔註54〕這一特殊性也就造成了禹桀對世間與人民意義的不同。故云：「日月星辰瑞麻，是禹桀之所同也，禹以治，桀以就；治亂非天也。」（〈天論〉）人民的自由多方受到嚴重的損傷，國家的保護也成為嚴苛的要求，現實不斷出現這樣外在的危機，只有提出聖人的治理，方可滿足於人類的一切生活，歷史本身召喚每一個人盡其最大的力量完成。

三、性惡說「態度的價值」

荀子以人要從生存邁入生活，以至成就生命的高度，人不能僅僅為欲所為，而要能有所對治，想要對治的態度，就可以讓人進入生命境界。故態度的價值，指面對人生的苦難困局時，所決定採取的態度，這樣的態度決定出人生的價值，人可與命運共舞的態度價值，成就自己對人生意義的體現。從荀子認為人性惡的觀點，當人進入社會網路，各種人習的浸染，將會自然而然地趨向於惡。正如存在主義者所描述：「世界中的事物，只是在那裡存在，它們的存在沒有理由可以解釋，是荒謬的，……故人會覺得焦慮、被棄而且絕望。」〔註55〕視透這種荒謬的存在性，進而生起超克的態度，正是人可以自由的根據，故社會人際網絡的關係對於荀子而言，隱含了人原始情性的破

〔註53〕海德格：《存在與時間》（北京：三聯書店，2012年6月），頁256。

〔註54〕徐復觀：〈儒家政治思想的構造及其轉進〉，《學術與政治之間》（台北：臺灣學生書局，1985年4月），頁47。

〔註55〕李天命：《存在主義概論》（台北：臺灣學生書局，2008年9月），頁101。

壞，是以提「性惡」之說，就有了可對人際關係矯治的可能。

荀子論性的觀點，可看出從自然性到社會性，認為人不可能自覺地走上君子之路，必然要往下墮落，身為儒者，荀子有責任要為人生提供一套標準，這「化性起偽」的理論，也是他「天地生之，聖人成之」的原理原則之一，更是他為社會建構的禮義法度，這樣的思維方式十分重現實性的思考，這種現實是對生活世界的直觀。這就是荀子對於人性的歷史走向，其中決定走向偏險悖亂或正理平治，都必須在禮的標準下決定。

本節論荀子「性惡」是一種價值導向（value-oriented）的觀察，因為把惡化為善，正是一種向善的生命觀，乃儒者的核心價值。價值是指導生命活動的基本原理，也是決定生命目的與本質的規準。這是基於理性，還是情感？是出於認知，還是情緒？是理想，還是實在？是一元的，還是多元的？這些涉及價值概念時，是引發倫理和道德最多爭議的課題，對儒者的理論與實踐產生重大影響。任何採取其一立場的價值理論，即力圖否定另一立場，造成上述對立概念之間的衝突與不相容。如孟子的性善理想以價值與善為獨立自存的永恆實體，則肯定價值的絕對性、客觀性、普遍性、內在本有性與實在性。告子的中性論，取決於大環境所造成人的現實狀態。荀子的性惡，則導向人持續地追求禮境。加在現實的強勢影響下，以權威至上擺脫價值考量，導致人們普遍重視事實，忽略價值，如何結合事實與價值，整合人類理性與情感、認知與情緒，以形成完整的價值經驗？實為荀子理論的迫切課題。荀子結合價值與事實，肯定這不斷變遷、創造的事實世界即是超時空的價值世界的具體化；並強調經驗與理性、個體與社群、機體與環境之間關係的整合，這是荀子「性惡」思想讓人人值得重視與尊敬之處。

第三節　荀子大清明心的開發

孔子以人有「生而知之」、「學而知之」之差別，然而對於生而知之者，只作了抽象的肯定，並沒有認定誰能做到；對於「學而知之」則強調學習的重要性，而且也舉自己的例子，說：「我非生而知之者，好古敏以求之者也。」（〈述而〉），在不斷學習中，又累積了各種知識，都是靠著學習而來。孟子以「萬物皆備於我」，以我之心作為認識主體，是儒家思想對認識領域的繼承和發展，從認識論的角度理解「萬物皆備於我」，區分了「耳目之官」與「心之

官」的作用，但都稱為「官」，成為心學認識論的基礎。荀子承傳先儒的思想，以人觀及歷史為主的動源，轉向重象現、重禮義的儒學系統，強調禮義系統，建立了人學為主的禮學體系。

先秦儒家則以人性善的自覺為主體內涵，其所言仁心性善的背後，故「盡心知性知天」乃有一超越的天道為保證。故人性之善，由天保證之，天之善由人證之，這就是傳統的真理，如理查德・羅蒂（Richard McKay Rorty，1931～2007）所稱是傳統之「大寫的真理——Turth」；然而儒家到了荀子以心的解蔽，以虛壹而靜的工夫獲得真理的掌握，卻是一種「小寫的真理——truth」〔註56〕，其觀察到人在自我情感欲望與社會象弄衝突之間，不斷在當中協調適，最後達到「本末終始莫不順比」（〈禮論〉），使兩造都能和諧共融。

以心的活動脈絡不斷進行價值的衡量確認，產生理的建立，並依此架構禮的範式，故在心－理－禮協調衡量的過程，聖人以禮義法度皆能因應歷史脈絡而有所調適，達到解蔽過後的真理實存。當荀子在吸收前人的思想後〔註57〕，以「心如槃水」、「虛壹而靜」的工夫建構出清明心的理論，從新角度來看荀學，他向內掌握到心之可以為道德與倫理的主體，向外可以依心面對諸子的論述，並予以一一批判，以智慧的開啟樹立禮學正宗。

又當代學者已紛紛提出荀子的主體動能在於「心」，以其認知、徵知、所之、能之等特性，而有主客融合的功能，是主智的心理學。彭孟堯在《知識論》談到：「將一個人當作是認知者或認知系統，是從知識論的角度來看待，這個人在知性面向上所具有的性質，所產生的認知現象，以及所進行的認知活動及其特徵。」〔註58〕順此，可知荀子以此的心體認知，是對於客觀禮義

〔註56〕羅蒂認為：「我沒有把思想進步或道德進步，更看作更接近於大寫的真、大寫的善或大寫的正確，是看想象力方面的某種增長。……牛頓、基督、弗洛伊德和馬克思共同具有的東西是用不熟悉的術語，重新描述熟悉的事物的能力。」參見氏著，黃國清譯：《後形而上學希望》（上海：上海譯文出版社，2009 年），頁 69。他認為傳統對真理的說法，只是一種想像力的延續，不一定為人類所需要。這與荀子批判的精神可謂前呼後應。

〔註57〕嚴靈峰於〈老莊的認識論〉一文提出老子的認識論看法。如（一）老子肯定知識、注重客觀世界的見察和理解。（二）用直觀的方法，從經驗的、感性的知識而達到推理的知識。（三）由經驗的認識推客觀世界的規律。（四）由感性的知識推進到悟性的知識。嚴靈峰，〈老莊的認識論〉。《輔仁大學哲學論集》，第 17 期（1983 年 7 月），頁 25～56。基本上，荀子對於諸子的理論，有一定程度的吸收，從而開發出儒學自己的認識系統。

〔註58〕彭孟堯：《知識論》（台北：三民書局，2009 年），頁 280。

的建立，既要發揮人的主體作用，同時又要承符歷史的經驗因素，達到認識過程「互為主體」的禮義之統。以這樣的方法概念來解讀荀子的心體認識，則問如何理解世間一切？把對天的信仰放下，開始以客觀的心態開始解蔽？荀子嘗試用「小寫的真理——truth」對傳統理論展開剖析。本章乃以荀子對「心」的理解，來闡發「心」的意義價值。

一、心可以治性

當傳統儒學以仁識心，這心是道德心，以此心善而可以知性善。但荀子有別於傳統之詮釋，他分判天道與人事，天是歷史自然之天，人是理性自我的人，故人之善惡不是由天決定，而是由「心」以決定，以知識心，但這是否意謂荀子是理智性的只是一種認知心？本文亦必要做一疏理。

從荀子的理論中，可以發現其系統根本的解蔽方式是由知識心，乃因其能有徵知、意物、兼知的作用，如云：

> 心有徵知。徵知，則緣耳而知聲可也，緣目而知形可也，然而徵知必將待天官之當簿其類，然後可也。五官簿之而不知，心徵知而無說，則人莫不然謂之不知。（〈正名〉，頁 891）

楊倞云：徵，召也，言心能召萬物而知之。李滌生注云：「謂心為主體，能喚起知覺作用，以辨物象也。」〔註 59〕王天海注云：「此言心能驗知必待五官直對其物，逼近其類然後才可。其類，即五官所接之類。」〔註 60〕在荀子認識論中，不但感性認識與理性認識因其天官與天君的區分，已有初步的分述，已經相當地暗示了理性認識的優越性，因為「五官簿之」只能有知，必有「心徵之」然後才能有其言說。又云：

> 凡以知人之性也，可以知物之理也。以可以知人之性，求可以知物之理，而無疑止之，則沒世窮年不能遍也。（〈解蔽〉，頁 871）

> 所以知之在人者，謂之知；知有所合，謂之智。智所以能在人者，謂之能。能有所合，謂之能（〈正名〉，頁 882）

凡人所具有的認識事物的能力，即為「知」，是智也。知是自然而然的，曰「人之性也」。物，是客觀存在的實體，物有「可以知」的規律，是為「物之理」。人的認識能力，就是認識的主體；而可以知的事物，就是認識的對象。主觀

〔註 59〕李滌生注：《荀子集釋》（台北：臺灣學生書局，2000 年 3 月），頁 514。
〔註 60〕王天海：《荀子校釋》下冊（上海：上海古籍出版社，2009 年 10 月），頁 898。

的認識和客觀的對象結合，如此就能掌握知識，去獲得這種知識，就叫做「知」。知識必須反映客觀事物，才是真正的知識，故「知有所合，謂之智」。以知認定人的性，這性就是知性，也就是智性，由智性而見之心，就是認知心，是屬於能知，有能知，有所知，在主客關係的境域中呈現，「知有所合」，即心能通於物，合然後能成為對物的知識。王天海認為：「荀子揭示人之蔽在於主觀片面、孤立靜止地看待事物。」〔註61〕正如同於理查・羅蒂所主張：「心只不過是一系列不可改變地可被內省的純感覺，而且心的本質即這種特殊的認識性質，其理由於在於，在所謂『心的哲學』的整個領域中也流行著同樣的主張。」〔註62〕人對於知的能耐，也必須在把握事物的法則之後，才能夠改造自然的事物，這就是心的特殊性質。

所以說「能有所合謂之能」，用知來說明人性，以此知就是人的性，此性可知物之理，此性便是智性而見，有能知即有所知，當能知的主動運用於對象之中，兩合相通，智性合一，是對對象之知識的掌握，學者們紛紛說明，這就是屬於認知心。如馮友蘭認為，荀子之心理學，「心是能知能慮之心，心節情欲、立權衡以於『利之中取大，害之中取小』。心乃藉虛壹而靜以知道，荀子之言心，具有取捨、權斷的認知心。」〔註63〕從能知與所知，到能慮、能驗，這就是屬於心的作用。牟宗三云：「荀子解蔽篇，即在解人之蔽，以恢復其清明之智心，清明以虛一而靜定，而其正名篇之所言，則在明此心的表現。此種智心最易為人所把握，所了解。」〔註64〕心的表現能是知心，當人能解蔽後，所得到的是清明心，亦就認知心。韋政通云：「以知規定人之性，即無異以知規定人之心，此性乃智性之性，與性惡之性有異，由智性而見之性，即認知心。」〔註65〕又云：「禮義所以能達乎情欲以化之，樞紐則全在『心之可中理』上。若無中理之心活動於其間，則人自身即無接受禮義之主體。……所以『心辯知』是外化過程中的中樞。」〔註66〕以上學者皆說明荀子以智識

〔註61〕王天海：《荀子校釋》下冊（上海：上海古籍出版社，2009年），頁833。

〔註62〕〔美〕理查・羅蒂著，李幼蒸譯：《哲學和自然之鏡》（北京：商務印書館，2012年10月），頁111。

〔註63〕馮友蘭：「心之虛，乃不以所已藏害所將受；心之靜，乃不以夢劇亂知」。心之主要功用為知慮，使之則謀。夢劇者，偷則自行之隨便胡思亂想。《中國哲學史》上冊（台北：臺灣商務印書館，2015年11月），頁220。

〔註64〕牟宗三：《名家與荀子》（台北：臺灣學生書局，2006年9月），頁224。

〔註65〕韋政通：《荀子與古代哲學》（台北：臺灣商務印書館，1997年4月），頁141。

〔註66〕韋政通：《荀子與古代哲學》（台北：臺灣商務印書館，1997年4月），頁82。

心的性質。又如徐復觀、勞思光等學者亦採荀子的心是屬於認知心的說法。然而唐君毅則別具一格地指出：

> 荀子之心，即只在第一步為一理智心，而次一步為一意志行為之心。此意志行為之心，乃能上體道而使之下貫於性，以矯性化性者。由是荀子之心，即有如原為一傘之直立，而漸向上撐開，以鋪陳出統類而下覆。〔註67〕

此將荀子之心分為二種層次，有理智的認識、再有意志的自由，又能體道貫性，推演其普遍法則，故此說是包攝先儒的看法，又另具一意志作用之心，是屬於主觀的能動性，故人具有自由的心志。故陳大齊認為「所以合而觀之，荀子所說的心，應當是一切心理作用的總稱，唯其為總稱，故知可以稱為心，情亦可以稱為心。若以見其常用以稱呼知慮，遂謂其專攝知而不兼攝情，則未免有失荀子用語的原義。」〔註68〕此說以心可以為知慮而又可以攝情，也是承唐先生的說法而論。

當荀子強調心的辨識、驗證，要在感官接觸到各種事物之後才能發揮作用，且要以感官的經驗為基礎。故五官記憶了聲音形貌，但尚不能知到這是何物？這乃是因為心未能徵知，所以不能成為被認知之物；如果五官有所記錄，心也徵知，卻說不出這是什麼物？這是因為沒有經驗的過程，所以也不能成為被認知之物。當感覺的經驗與心智的作用相互交用，感覺是認識過程之發端，心智卻是認識，所以為認識的根本和主宰，必須要有「心」的辨識驗證作用，只靠感覺經驗則無法成就為知識。

荀子認為人有義且必須以心的能慮、能擇與實踐的積習，超越生理性的欲望限制，化性起偽——「始乎為士，終乎為聖」的自覺當家作主，這不是依其外在超越保證而起的自覺，故可謂「主體性」。如王祥齡認為：「如其所言，荀子之學才可謂『心性論』之最高自由，孔孟之學乃依天道之善而論人性善，其以無最高自由可言。」〔註69〕這種最高的自由乃禮學實用之豁醒，以禮是生活充分潤澤飽滿的象徵，而這禮是自心的掌握。探論荀子對心與知的論述，如劉又銘認為：「荀子的禮義是情感和欲望所蘊含著一個內在秩度

〔註67〕唐君毅：《中國哲學原論‧導論篇》（台北：臺灣學生書局，1980 年 9 月），頁 120。
〔註68〕陳大齊：《荀子學說》（台北：中國文化大學出版社，1989 年 5 月），頁 38。
〔註69〕王祥齡：〈論荀子禮法之法理思想〉《第三屆中國文哲之當代詮釋學術研討會會前論文集》（台北：國立臺北大學中國語文學系，2007 年 10 月），頁 241。

的顯現。」〔註70〕這一內在秩序是一種道德與倫理的層面所以荀子視心、性為兩層，能察理、知是非是心的功能，故心可以治性。

從以上學者認為荀子的心是能通過心的辨知而能對治性，而心是一種有道德意識，有自由的能力，有時間的動能性，以心知能中理而合禮，屬於一種內在潛質的性善，故能以禮義治心，即以心可以治性。

荀子認為「心居中虛，以治五官，夫是謂天君。」(〈天論〉)以天君謂心，則心可以具有主體意味。以其「天君」，是以心具「徵知」、「意物」與「兼知」等的積極作用。提出對心的掌握，聖人以清天君以成其天功，是以謂知天。解決感官之欲，不是在如何降低人的生理欲求，而是著眼於人欲與物質條件，如何取得平衡。周德良認為：「此即是禮之緣起與功能之在。透過禮有效的積極教化與消極制約，則人性不僅不會生發惡果，反之，可以將人性轉化為社會演化的動能。」〔註71〕可見荀子在欲、心、性之間脈絡發展清晰，並守住儒學傳統觀念，性雖為天生所必需，以心能合理地調和天人、人際之間的功能。在「徵之」之中又不是全順天生之感而類同禽獸，是以天君主宰，則立禮義法度以治制之。〔註72〕

一方面荀子重視心知之明，以智識心，以人性為「性質、欲惡」。另一方面，荀子「天君」心具有主宰意涵，「天君」心明禮義以養性、化欲，聖人以之「成聖」，並化民成俗共享禮義之自由。故唐君毅說：

> 荀子雖未嘗明言心善，然循荀子所謂心能自作主宰，自清其天君，
> 以知道體道而行道上說，則仍不得不承認，荀子所謂心有向上之能。
> 如上所說，所謂向上之能，乃由下直升，至其所謂性情之上，以知
> 統類之道；而實行此道，以轉而級性化性，以成善行者。〔註73〕

此論以荀子的「心」論，包含主宰義、功用義、及辨知義，就辨知一，是認知

〔註70〕劉又銘：〈從「蘊謂」論荀子哲學潛在的性善觀〉，收入《孔學與二十一紀紀國際學術研討會論文集》(台北：政治大學文學院，2005年10月)，頁59。

〔註71〕周德良：《荀子思想理論與實踐》(台北：臺灣學生書局，2011年4月)，頁39。

〔註72〕北大哲學系注云：「心有驗證的能力，然而依靠聽覺器官才能辨別聲音的不同，依靠視覺器官才能辨別形狀的不同，這樣說來，心的驗證能力一定要等到感覺器官接觸所感覺的對象以後，才能發揮作用。」參見氏著：《荀子新注》(台北：里仁書局，1983年11月)，頁444。

〔註73〕唐君毅：《中國哲學原論·導論篇》(台北：臺灣學生書局，1980年9月)，頁120。

與分辨，〈性惡〉云：「夫人雖有性質美，而心辯知。」一語，是通過認知心以辯知，而且要內攝有心，才能發動，故由察理定是非為心，故能以心治性。禮義的效用在於對象的性情欲，而禮義所以能達到情欲以化之，其關鍵全在「心之所可中理」也，即是否合於道？如果無中理之心活動其間，則人自身即無接受禮義之體，禮義雖能化，但沒有接受的主體，而實際則是不化，所以對心的掌握，是聖人最重要的關鍵，〈解蔽〉云：「成湯監於夏桀，故主其心而慎治之。」可知，荀子乃有以心直接治性的觀點。

傳統禮教經歷商周時期的發展，能否繼續符合不斷演化的歷史真相，能夠面對世間亂象而予以對治解決則錯亂紛起，而且在百家爭鳴的過程中所引起的新問題卻越來越多。究竟是傳統的「大寫真理」過於深奧玄虛？還是傳統思想就是毫無現實意義而應該予以放棄？荀子以「小寫真理」通過其反省自覺而提出一個「思想主體」，因而同時亦將「自然」純淨化而成為主體之「對象」，自然之天與性，成為純自然的對象。這說可以引用狄爾泰（W. Dilthey，1833～1911）之論來說明：

> 體驗並非如一種感覺或表象物那樣對立於我們：它並非被給予我們，相反地，只是由於我們內省到了它只是由於我們將它看做在某種意義上屬於我們的東西，從而直接據有它，實在體驗才能為我驟地存在著。只是在思維中，它才成為對象性的。……體驗是一個統一體，它的諸成分因為一種共同的意義而聯合在一起。〔註74〕

可知體驗是對思想概念進行解構的一種行為，在思維之中，主體與對象二分，但通過體驗的對象，和體驗的主體有了某種互通的連結，能通過內省而直接據有它，故我所體驗的對象，不是與我對立的兩分性，而是一種意義的統一體，故荀子對物的認識乃以心、思想達到了意義的統一。

心合於道要中理，就是合於禮，這也可以看其以心治性的效用，而在這之中見到心的善義，然善不屬於心之本身，而是從「中理」中得到對治，如此亦能看出其心善之處，但不同於孟子之心善，荀子的心與性成為能治與被治的關係。在現實又客觀的人生之中，人生之知不一定是明；知心的表現，也不一定能知道而中理，荀子看到人類心術之患，在於蔽塞不知，這是因為荀子認識到人心之「蔽」，因而促成他對人心的「解蔽」，故對心的瞭解不能不知。如云：

〔註74〕狄爾泰：《狄爾泰全集》（Gesammelte Schirften, VI. Band, Leipzig Berlin 1927），第 7 卷，頁 389。

心者，形之君也，而神明之主也，出令而無所受令。自禁也，自使
也，自奪也，自取也，自行也，自止也。（〈解蔽〉，頁854）

如同〈天論〉云：「形具而神生」、「心者，形之君，而神明之主也。」的「心」
論說可謂同一原則，心是天君，也是神明之主，故此心具有形上之義，故荀
子的心是兼具自由主體與與認知能力兩種意思，在其文本詮釋中，實則同時
包含有自由與倫理的概念，這樣的意義承於先儒又有其開發，是荀子的創造
詮釋，也是其「小寫的真理」。

　　荀子是把「知」提昇為一種道德價值，如葛榮晉說：「心作為『天君』，作
為『神明之主』，可以發出行動的命令而不受任何限制，可以自由地進行選擇
和一切行動，這不僅指認識活動，而且包括意志活動。建立在認知理性基礎
上的意志行為，不是自律論者所說的自由意志。……道是客觀的、外在的社
會倫理法則，但是被認識之後，就內化為人的理性原則，而不僅是一種客觀
的認識而已。」〔註75〕這樣說來，荀子所說的「知」，是一種心對價值的認
識，並不是對自然界的認識。

　　以心作為天君，是神明之主，也是合道的運作，這是荀子心的道德意義，
如唐端正說：「荀子之心能『知道、守道以禁非道』而認定荀子之心乃是或具
德性心，在理論上似乎顯得有些粗糙。荀子之心可以知道、守道、從道，但其
所守、所從乃是以『所知』為前提的，而心之『所知』是認識上的真假判斷，
心之認知若不以『道』為標準，則其所知並不可靠；荀子之心的確可以作為
價值抉擇，但此抉擇能力須結合外在禮義法度，才有其正面的意義。」〔註76〕
則心不只是心理學的心，而是合於道之心，是則真正說出了荀子心隱含的主
體意義。又東方朔認為：「荀子言心之認知，可以說殊為綿密，他不僅區分了
『知、能』的雙重意義，討論了感性與理性認知的關係，而且強調了此心的
『知慮』特徵和『作為』的行動意志，突出了『心有徵知』在認識過程中的主
宰地位。」〔註77〕有主體的肯定，讓荀子在儒學中別有見地，從主體開於倫
理，是絕對又普遍的實用真理。

〔註75〕葛榮晉：《中國哲學範疇導論》（台北：萬卷樓圖書公司，1994年4月），頁
　　　　9。

〔註76〕唐端正：《先秦諸子論叢（續篇）》（台北：東大圖書公司，2009年2月），頁
　　　　184。

〔註77〕東方朔：〈心知與心慮——兼論荀子的道德主體與人的概念〉《國立政治大學
　　　　學報》，第二十七期，頁46。

從羅蒂的「新實用主義」來觀察，他認為人類應當關注的是他們日常生活，而不是通過理論發現什麼；在語言和信念之外，真相並不存在。在《實用主義的後果》一書中，羅蒂提出了他的新實用主義主張，即在某種程度上對反本質主義、相對主義和歷史主義的某種認同。他堅持的信仰、價值以及用以描繪自我和世界的終極詞彙都是歷史和環境的偶然產物。以反本質、反基礎、反再現等主義，乃就對西方哲學傳統的省察思路，以「『大寫的真理——Turth』來描述西方傳統哲學所認識的真理，而提出『小寫的真理——truth』乃是根據人的處境狀況，在歷社會情境的脈終中所發現的永恆、普遍下的真理」〔註78〕。若以羅蒂的理論來看，則荀子並沒全然揚棄「大寫的真理——Turth」傳統，他反而以大寫真理的精神，發展出自己的語言模式，要引領人們進入另一種新的實用觀點，就創造新隱喻或語言而言，他論「小寫的真理——truth」模式，心不再依附於傳統的大寫真理，心對於現實是不滿足於傳統的說法，對於傳統來自於本質、來自於天的想法，他要一一駁斥，這也是荀子一反傳統而提出「小寫的真理——truth」的時代性思維，以應付人民的新環境與新生活。

二、心可中理

觀西方傳統哲學，自希臘二千多年以來，哲學理論似未能發現一個本質的基礎。哲學不單未能為其他文化領域成功奠基，而且根本連確立自己的合法地位都做不到。故羅蒂認為：「世界上有各種不同的事物、真的陳述和好的行為，但這些事物、陳述和行為卻沒有任何共同的本質，不單只沒有什麼本質，而且我們根本不需要本質。」〔註79〕對於本質的期望是注定落空的，因為根本不存在本質這種東西；而所謂「基礎」，根本可有可無。在哲學枯竭衰微、對一切無能為力的時候，其他文化領域的發展根本完全不受影響，依舊欣欣向榮。雖然我們已然強調荀子的主體的預設，但荀子仍然以重於實用的路線，發展其「心」的面向探討禮學的建構，其方向似乎也已經清楚對於本質的詮釋總是要落空，而人民的需求已經迫在眼前，他不可以再走「本質的」回頭路。

〔註78〕理查德・羅蒂著，黃勇譯：《後哲學文化》（上海：上海譯文出版社，2009 年 1 月），頁 9～13。

〔註79〕羅蒂著，黃勇譯：《後哲學文化》（上海：譯文出版社，2009 年 1 月），頁 15。

　　傳統儒學家也努力不懈地追求本源探究，對於世間萬事萬物的認識及根源的認識，以為一切領域正統合理的定位，然而真有所謂本善或天道的基礎？今日新實用主義者提出，傳統哲學以發現知識、真理和善等東西的本質為己任，西方學者經過二千多年無數的共同努力，時至今日實際上根本沒有任何一樣哲學家聲稱要找尋的本質能夠被成功發現。近代的哲學家如維根斯坦，已開始論證本質只不過是一個哲學家發明的、虛幻而無所指涉的概念。尼采更提出：「自我是自我克服的過程，人類在具體的歷史境遇中對自我的界定，其實只是隱喻的一種，必將隨著歷史的變化不斷地改變。」〔註80〕這種不斷變化的正是荀子要開創的精神，在面對諸家論說的不能滿意的現實情境下，對於傳統本善或天道的解蔽，他要有一種新的思維，以符應「心」的需求。

　　人性欲望的無窮，亦引發心的所可，此可向於中理，則心能治性，若所可向於不中理，則欲雖然少，也無法阻止亂源。故云：

> 心之所可中理，則欲雖多，奚傷於治！欲不及而動過之，心使之也。
> 心之所可失理，則欲雖寡，奚止於亂？故治亂在於心之所可，亡於情之所欲。（〈正名〉，頁 914～915）

這裡提出「心」的指標，認為治亂在心、情欲也在心，一切的掌握從心說起，故這所可的中理與失理的變動，東方朔說：「此處心，應包含兩方面的內容，即知慮，重在知；徵知，重在辨識和行動意志；可，即是在知慮和徵知的基礎上所具有的意志決斷和命令。」〔註81〕知慮和徵知尚必須加上「中理」，才成為荀子對心全部論證，也是荀子訴求的重點，心的掌握從而有禮義法度的建立，故「心有不滿足性，其實為人類帶來生命的動力」〔註82〕，而且從「性不知禮義」來進行認知，五官有欲望的需求，然而可以用心之理來認知制作禮義，而調和五官之欲。故云：

> 目辨白黑美惡，而耳辨音聲清濁，口辨酸鹹甘苦，鼻辨芬芳腥臊，
> 骨體膚理辨寒暑疾養，是又人之所常生而有也，是無待而然者也，

〔註80〕摘引自董山民、陳亞軍：〈羅蒂的「自我」觀及其政治蘊含〉（南京：南京社會科學院，第 4 期，2008 年 4 月），頁 14。

〔註81〕東方朔：〈心知與心慮——兼論荀子的道德主體與人的概念〉《國立政治大學學報》，第二十七期，頁 60。

〔註82〕羅伯托・曼加貝拉・昂格爾（Roberto Mangabeira Unger）著，諶洪果譯：《覺醒的自我——解放的實用主義》（北京：北京大學出版社，2012 年 1 月），頁 135。

是禹桀之所同也。(〈榮辱〉，頁141)

禹桀相同是在於欲望的滿足與否，而兩者的不同則在於禮義的具備與否。感性的認知，是體色味之辨，這方面是人人相同；理性的認知是則需透過心，蓋「心不可以不知道」(〈解蔽〉)，能不能認識道，屬於形上的體會，然而這方面荀子以更落實的看法，即道乃人之道，人之道就是禮。如潘小慧說：「荀子之道的多種涵義，指出其道的實質內涵為禮義。」〔註83〕人可以在其不滿足的現實中，求得對心的安撫的行為，故不滿足性需要人們不斷激發人心的修持，才能加以克服。

荀子的禮義觀是肯定人性的內涵就是包含著情感、欲望、理智，就在這樣的存在現象中，「性之和所生，精合感應，不事而自然者」(〈性惡〉)實質隱含著價值意義之道，透過聖人的體察，禮義不斷地從經驗中嘗試體現，並因此而得到驗證，讓人人在這樣的情感中節制分寸，使身感得到和諧的狀態。故云：

> 道也者，治之經理。心合於道，說合於心，辭合於說……以正道而辨姦，猶以繩而持曲直；是故邪說不能亂，百家無所竄。(〈正名〉，頁904～905)

這是心的辨知之後，以心合於道，心所發出的言辭則可以辨奸，使百家邪說者皆不能亂而竄之，這是其心偽後的合，合於道而能導之以正。荀子正是以心偽的力量，要幫助人類走向真善美，肯定了外在世界的存在事實，並以禮維繫著社會與人生的諧和。禮為聖人所制，聖人來自於歷史，對天認知也是來自於歷史，天、聖人都是禮的本源，也是人類社會運行不輟的原理原則。

荀子的道，俱有形式與內容的對應關係，禮的行持符合人的正當性及社會的公義性，如此理、心、禮達到一種和諧，人在天地之中，天地運行即是禮行法則，人依此法則而行，則可求道、知道、致道，終而可以創造理想的社會國家。如存在主義者認為一切對於外界的認識都是個人的意識活動的結果，在現實生活中，許多人可以面臨著「同一個」事實，但不同的人對這些事實的認識卻是完全不同的，因為個人的不同的意識狀態決定著「自為」的存在。在探索個人的存在中所進行的人的意識活動時，自為，就是一種人為，荀子的心偽是經過調教後的自為，是一種更加精準的生命向度，故「偽」是一種

〔註83〕潘小慧：《荀子的解蔽心——荀學作為道德實踐論的人之哲學理解》，收錄《哲學與文化》，第25卷，第6期，頁527。

意義的價值，這種自由的意志是人可以突破困局走向真善美的力量。

　　知之在人，是指人的主觀認識能力，此主體認知與外物有所接觸了，必能產生知，故人的能動性與外在相合，則可以有智有能。故人的知識不是天生的，而一種主客觀的相遇，客觀能作用於主觀的結果。人所學習堯、舜、禹、湯之道，也都是經過日積月靡的積習，乃能「積善成德」。李澤厚認為：「『師法』的學習，在荀子的思想體系中，和『天人之分』『禮論』『化性起偽』諸說構成一個嚴整的體系，人如果能學習師法到全盡的地步，就可以與『天見其明，地見其光』相參，達到『宇宙本體』的高度，藉此樹立人的族類特徵。」〔註84〕荀子以「古今一度」的歷史觀察為立論基礎，從「實用」的立場闡釋人類社會的性質並不相同，然而就社會過程與自我的發展關係這一課題來看卻是有相通之處：解釋人類行為的意義不在其天性本能或心理動機，甚至不是其智能本身，而是在社會過程裡，運用智能選擇、組織表現本能或情感的理性形式。

　　荀子的「心」具強烈的理性意識，理性是真善美的基礎本質，有思辨能力和自主抉擇能力，強調最高的知之，是建立「為之、貫之、積重之、致好之」（〈王制〉）的基礎，思慮、意志、血氣的人身整體成為禮的載體，對禮義能「致好之」，謂先天的「性情」與作為社會文化價值的「禮義」能夠專一，這是「積」的完成。「性情」與「禮義」完全嵌合，代表的是人的整體和諧，既是社會文化價值的內在化，也是個性人格的朗現，因此「成積」，終極目標是「能定能應，夫是謂之成人」，從這裡看出「荀子的學說與社會學的觀點不侔而合」〔註85〕，他的隆禮義都是著重於成就治道。

　　從對傳統的大寫真理的不滿，不是用某種方法或理論來平靜或減輕之，而是經過聖人的調理，故此小寫真理卻可以用來表明人們的廣闊無限，以此心在接受聖人之教後，產生以心對治性之惡的無限意義，故云：

> 聖人知心術之患，見蔽塞之禍，故無欲無惡、無始無終、無近無遠、無博無淺、無古無今，兼陳萬物而中縣衡焉。是故眾異不得相蔽以亂其倫也。（〈解蔽〉，頁846）

主體在於「心」，但心術亦有患，聖人教以禮義中得解蔽，當人相應於物，而

〔註84〕李澤厚：《中國古代思想史論》（天津：天津社會科學院出版社，2003年5月），頁104～105。

〔註85〕李哲賢：《荀子的核心思想》（台北：文津出版社，1994年8月），頁158。

未發之中而有所動，動而應於物是為感情，然而聖人教以禮義，則可以由禮而見體、即用即體。當存在的禮與心通而為一，是則生命的意義有了形上根據，荀子以此心可以知禮，即見於人情感生活之生命中，也得即見於人之求得禮義而有心的和諧，故能「陳萬物而中懸衡」，從此心而掌握到孔子仁的生命，亦即有「道」的生命。其感性而論人心，乃是認為人順此心，以自求其禮行的成就，故可以理性創造出仁者範式，不得相蔽後，人能依此態度面對生命一切作為，經驗一切人生之歷程，成就生命之道。

心作為一個意義的根源，展延成一個無遠弗屆的世界，然後超越的無限心能向上翻轉，成為一人天通貫的立體縱深境界，於是我們知道此心，不只是個體的身心安頓，也得讓天下人都得到身心安頓，個體才能得終極的安頓。故談到此「心」不必然要符合大寫的真理，或要有其先驗本質，在小寫真理裡荀子論心，其實是廣大而深遠，想要融攝大小之說。

身處於現世荀子要打破傳統形上價值或獨立存在的價值體系，提出具有當代性的理論，以現實社會的關懷，及情感經驗中以開創真理。心的真理在現實的聖人之中可以見著，正是如羅蒂「鏡式哲學」的說法，真理以語言的方式說出，只能是一種反射，荀子不走大寫真理模式，而以「小寫真理」敘述一個人內在的真理，這樣的真理不可能被先驗的認知所規範。美國新實用主義者昂格爾（Unger，1949～）說到：「我們社會經驗中的兩個重要問題會合在一起。一個問題是自我與他人的關係，另一個問題是自我和人性的關係。我們流溢在所有有限的社會和文化秩序之外，這種流溢暴露出人們有內在無限性的殘存。」〔註86〕也就是說，人內在無法自絕於無限的存在，正因為這種殘存內在的無限性，來自於是人們對現實的不滿足，人們才能在個人際的合作中互相承認、互相依托，成為超越身分立場的開創者。

心不僅在「知天」上，肯定感官作用，於實踐上，更清楚指出感官欲望的滿足，是禮的起點。故馮契說：「荀子既指出，『心不可使易意』、『其擇也無禁』（〈解蔽〉），即意志能自主地進行選擇，不受外力的強制；又要求『心之所可中理』，不能『離道而內自擇』（〈正名〉），即要求根據理性認識來判斷是非，自覺地按照『道』來選擇；這樣自覺又自願地以『道』（禮義）作為準則，在行動中堅持不懈地加以貫徹，日積月累，就能『積善

〔註86〕羅伯托·曼加貝拉·昂格爾著，諶洪果譯：《覺醒的自我——解放的實用主義》（北京：北京大學出版社，2013 年 1 月），頁 150。

成德』。」〔註87〕禮乃能充分說明仁、智之朗現，故荀子以心自覺地顯道，是禮亦內在化的道。又唐君毅說：「仁心與認知心恆相連而起。……在人之實往行『道』之時，人即有一自己命令其自己之心。此即荀子所謂能『出令』而『自禁、自使、自奪、自取、自行、自止』之心。今所謂意志行為的心是也。知道之心即連于行道之心，則知道之道心，即同時為一行道之道心。」〔註88〕此說是將心能與道合而為一，以求道而向合理之心，故心是能自由自主，非只是一般的認識作用。

故「故禮者，養也」這不只是情欲的感官需求，反且主張滿足人的情欲，進而使人學習禮，讓人的「身心」得以協調，從而完成禮義之行動。荀子理想中的社會成就，既有待於此一兼具生理需求的不滿足，而又具價值行為的心體，亦可以看處荀子論「禮」的重要角度。他認為人生而有種種之情欲則在滿足需求之後，自當有更進一步的人格要求。

對治不滿足之性情欲，心得到了完全自由，也為了更充分地實現自主，能控制這心的衝突，將使人得們變得更加偉大與挺立，人亦能走向為禹之道。肯定情欲的需求，以及對情性之間不容的克服，這不是自我某種的浪漫投射或是外在的某種理想化，荀子禮學化解了以世間的衝解，他致力於在遭遇的傳統壓力和不可抗逆的信仰生活，又同時又能改變它們，這是其理論的獨特之處。

三、虛壹而靜的工夫

當笛卡兒（Rene Descartes，1596～1650）定立了具有直觀確實性的觀念當做哲學思索的根本原理，並以之為真理的最高標準，稱之為「清晰而明瞭的觀念」（clear and distinct ideas）後，為西方哲學開展出大大的一步，而成為近代哲學之父。其所謂「清晰」，意指顯現於心靈的觀念本身具有充分清楚的強制性質，乃就觀念自身而言；所謂「明瞭」，意指觀念的精確清晰可從其他對象完全分辨出來，乃指異乎他者的明辨性而言。〔註89〕

以這樣的清晰明瞭的方法來理解荀子「解蔽之心」，對其理論也可以有所辨析，由天人之分、天人相參，是視天為歷史天道，視人性具「小寫的真理」

〔註87〕馮契：《智慧的探索》（上海：華東師範大學出版社，1997年3月），頁527。
〔註88〕唐君毅：《中國哲學原論·原道篇》卷一（台北：臺灣學生書局，2004年10月），頁464。
〔註89〕參閱傅偉勳：《西洋哲學史》（台北：東大圖書，2009年5月），228頁。

之向，其思想主體成立而為是其所是的自然呈現，順此荀子的理路必然產生如何認知的問題？牟宗三說：「凡順此各方面所成之路向以進，則在知識上必止於經驗與實在論。而一般言之，從主體方面說，是理知的理性主義；從客體方面說，是外在的或實在論的理性主義。」〔註90〕以「清晰明瞭」的概念方法，從這樣的理論做為人對知識的認知與思辯，以達到掌握荀子對世間各種心物的認識，析出主客觀之分野，從而可能使儒學開出迥然不同的思路。

又胡塞爾現象學把人類直觀的意識提升到嚴格之學的論證，引發了教育思考的方法，在《現象學與教育》中討論到知識的構成，有下列三個明顯的觀點：一、強調個人主體意識的重要性。二、意識的理解是主動的，且賦予意義的。三、意識內有一些基本結構，人可以透過反省，從這些意識內的基本結構中獲得一些直接知識。〔註91〕這樣的理論，分析荀子「虛壹而靜」的工夫如下：

（一）主體的發明。當描寫人的意識時，如何能從客體諸多存而不論的無知中，確認對象在自己生命體驗中的真實性？人所意識到的，不是憑空的幻想，而是與我生命息息相關的，依胡塞爾：「描述現象學開始時，並沒有把物和我對立起來，而來在『我的生命體驗中』，根本沒有去區分我與物，此時是主客未分之際。此期，意識尚沒有把物和我截然分開，然意識中物已經是對象，而非全部的客體，但是因有『生命的體驗』，主客仍是不分的。」〔註92〕人不可能完全認識客體，因為它的內容和範圍大到人無法把握，但是成為對象之後，它是我生命體驗，就可以完全的把握。

用此概念來解析，荀子的思想體系，他的歷史天道觀已揚棄了對天的神秘因素，分析了「心」，並重新規定了「虛壹而靜」的概念。以心合於道則可以掌握，「人心為天君，而能自清自升」〔註93〕，故而合於道，如云：

何以知道？曰：心。心何以知？曰：虛壹而靜。心未嘗不臧也，然而有所謂虛；心未嘗不滿也，然而有所謂一；心未嘗不動也，然而有所謂靜。人生而有知，知而有志；志也者，臧也；然而有所謂虛；

〔註90〕牟宗三：《名家與荀子》（台北：臺灣學生書局，2006年9月），頁226。

〔註91〕參考伍振鷟、林逢祺、黃坤錦、蘇永明等合著：《教育哲學》（台北：五南文化，2013年9月），頁237。

〔註92〕伍振鷟、林逢祺、黃坤錦、蘇永明等合著：《教育哲學》（台北：五南文化，2013年9月），頁236。

〔註93〕唐君毅：《中國哲學原論·導論篇》（台北：臺灣學生書局，1980年9月），頁129。

不以所已臧害所將受謂之虛。心，生而有知，知而有異；異也者，
同時兼知之；同時兼知之，兩也；然而有所謂一。不以夫一害此一
謂之壹。心，臥則夢，偷則自行，使之則謀；故心未嘗不動也；然
而有所謂靜；不以夢劇亂知，謂之靜。未得道而求道者，謂之虛壹
而靜。作之：則將須道者之虛則人，將事道者之壹則盡，盡將思道
者靜則察。知道察，知道行，體道者也。（〈解蔽〉，頁 946～947）

虛者，因為心虛而沒有成見，所以可接納新事物，而不會以舊知妨害新知的
接受。壹者，心能夠將各個事物歸於一，又能專心在一件事上。〔註94〕靜者，
心也能澄澈安頓，化解一切外在的干擾。也就是荀子主張心有認知選擇的能
力，有主宰能力，聖人教人積習的目的是為了得道，以「虛壹而靜」乃能得
道。這就是一種「主體意識」的發明，人以此意識進而能掌握知識。

　　（二）心之能所的統一。胡塞爾的「超越現象學」中，主客是分離的，此
時知識的構成需要放入括弧中，以存而不論的方式看待，這類似於笛卡兒的
清晰明瞭的方法，在還沒有完全確定之前，不輕易相信知識，也不輕易說出
主客合一。因為我與物的對立，亦顯出知識的奠定，需要有物我之間的橋樑。
故主體作為能知，客體作為所知，而主客合一的可能性，就落實到「知」之
中，意識以及生活經驗，能使這「知」成為可能，故以「知」來連結我與物，
達到知識成果。〔註95〕

　　荀子以為，在人的意識裏，藏著許多已知的東西，而這些已知事物非孟子
所言的善性，他們會蒙蔽世人，故不要以已知的見解而阻礙認識新事物，不要
先入為主，要虛心廣納。不僅知識之成是由心所動而起，睡眠的夢魘，物質生
活中的執戀，社會生活的牽繫鬥亂，都是心之自發自動，然心之所以有動，乃
在心之本身若體著心之動奔馳外張，就離其自己，則不能有知。故云：

君子之學，入乎耳，著乎心，布乎四體，形乎動靜。端而言，蝡而
動，一可以為法則。（〈勸學〉，頁 29）〔註96〕

〔註94〕王天海注云：「虛者空也，指排除雜念。壹者，專心一意也。靜者，凝神清
　　　　心而不浮躁也。」《荀子校釋》下冊（上海：上海古籍出版社，2009 年），
　　　　頁 984。筆者按此「壹」，若解讀為「兼一」亦合理，即聖人能兼多而守一。
〔註95〕參見伍振鷟等著：《教育哲學》（台北：五南文化，2013 年 9 月），頁 236。
〔註96〕王天海：「端，當作喘。喘，疾言之貌，蝡，緩動之貌。然『端而言，蝡而動』
　　　　互文也，概指言行之疾緩。」《荀子校釋》下冊（上海：上海古籍出版社，2009
　　　　年），頁 30。

可知解讀荀子的動靜之察，心之本身必在動中守恃自己，不使其所動害其所知，這便是「靜」，在動靜之間掌握到知識。林宏星說：「荀子強調一個人的道德修養，純由主觀內發而表現四肢百體，而沒有外在禮則準繩而衡量之，則此四體之動靜所表現的是廓然抑或是懵然，是德氣還是私氣，則仍無由知曉。」〔註97〕藉由形乎動靜來獲得四體行為外的參考，以道做為主要法則，乃是荀子的究竟原則，亦即一之於禮義法則才能有主客觀之掌握。

荀子講的心，是從生命之主宰處而，心是主動而非被動，性是被動而非主動，故性為心所治，此一大清明之心譬若槃水，故云：

> 故人心譬如槃水，正錯而勿動則湛濁在下而清明在上，則足以見鬚眉而察理矣。微風過之，湛濁動乎下，清明亂於上，則不可以得大形之正也。心亦如是矣。故導之以理，養之以清，物莫之傾，則足以定是非，決嫌疑矣。小物引之則其正外易，其心內傾，則不足以決庶理矣！（〈解蔽〉，頁855）

如盤之心「虛」則能清明，如水正放不使其動盪，則湛濁靜安於下，而清澈見理於上，心清明則能見鬚眉而察理；「壹」則使一切萬事萬物合於此道，亦即心能知道，靜者不使心「臧」、「滿」、「動」，故云：「心未嘗不臧也，然而有所謂虛；心未嘗不兩也，然而有所謂壹；心未嘗不動也，然而有所謂靜。」所以荀子強調心能「虛壹而靜」便能知「道」，道就是知道禮義、認可禮義、依守禮義、實踐禮義，是故「心知道，然後可道；可道，然後能守道以禁非道」，除了知道可道，又要以守道，對於道的護守使之須臾不可離開心，使心有其主動能力，以禁其非道，這是對心的解蔽到對外的解蔽。

這種對「心」的主體性與統一性，前提地在認知過程活動中為依據，這與現代哲學認識論的基本精神是符合的，心能徵知，故謂「徵知必將待天官，對當薄其類然後可以也。」（〈解蔽〉）乃緣五官而知形色，依感官外緣所生的知覺。心能意物，以「天官意物」即通過感官來反映外在事物，以肯定人感官知能，可以感受對物的不同感覺；而心有所歸屬、記憶、判斷、類分的能力，進而可以推理分類，兼知一切萬事萬物之理，此即「萬物可兼知」（〈解蔽〉）的道理。荀子的心理關係影響深遠，在這方面楊筠如認為，宋學的人物無不受到荀子的影響：「除去受了釋老一部分影響之外，實際是講荀子的心理學。雖然對於孟子心性之說，名義上比較接近，實際以物之理為心之性，大都與

〔註97〕林宏星：《合理性之尋求：荀子思想研究論集》，頁235。

孟子不同。而反於荀子心理學的心和理相合，大致都不出荀子的範圍。」〔註98〕是則荀子從心開出理，又從理建立禮成為一貫體系，荀子的力量當時或許不大，但帶給後代的各種面向的影響實則不小。

　　（三）主體的掌握獲得知識。當心體能把前期所存而不論的括弧，通通消解，因而有了意識能知、從笛卡兒的「我思」開始，以意識之流的方式，即意識所及在自身生命體驗中，把客體轉化為對象，而使之成為所思、所知。一方面是反思，就是笛卡兒式的反省，導引出「我思，故我在」，證明了知識主體定而不移的存在；而在另一方面則是知識構成的思想，也就是胡塞爾的「構成現象學」方法，從思想到達存在，則透過反省獲得的知識，就變成「我思，故世界存在」。〔註99〕然而這種知識的獲得，在荀子必須從聖人開始。

　　荀子體認到，當人類的根本平等價值觀，與實存現象不平等對照的時，故提出：「禮義法度者，是聖人之所生也。」（〈性惡〉），唯聖人可以「偽起而生禮義」（〈性惡〉），這些理論無不是，建立在「清其天君」、「虛壹而靜」的前提下，秉「天之常道」並「體道之常而盡變」，（〈天論〉）建立「禮義法度」者，對禮認識的深淺，可以之決定其人在社會之「尊賢」地位。荀子要說明歸一清明的動機，來自具體的天地、先祖與君師典範的接受。故其所求的道，並不是就一個形而上或神聖的源頭所外流出來的道，而是對社會、人生種種相持相斥的各種面向，以及各端的價值衡量，所提出的禮義之「道」。如云：

　　　　虛壹而靜，謂之大清明。萬物莫形而不見，莫見而不論，莫論而失位。坐於室而見四海，處於今而論久遠。疏觀萬物而知其情，參稽治亂而通其度，經緯天地而材官萬物，制割大理而宇宙理矣。（〈解蔽〉，頁847）

荀子首先分析人類的知能，人生而有知，只要能「虛壹而靜」以達「大清明心」，則能為聖人。「大」是絕對的意思，大清明就是真正的智慧，人只要憑著這種真智慧就能認識「道」。故在這種大清明的智慧朗照下，萬事萬物之真實沒有不顯亮，這種照見並不是「目遇之而成色，耳接之以成聲」的感官材質之真實，而是一個理的真實。故論者，理也，一事一物是一理，萬事萬物也是一理，各個恰如其分，各個地位角色不能相亂，故聖人可以「制割大理而宇宙理」。

〔註98〕楊筠如：《荀子研究》（台北：台灣商務印書館，1974年8月），頁205。
〔註99〕參考伍振鷟等合著：《教育哲學》（台北：五南文化，2013年），頁236。

以心的清明是可以掌握宇宙整體，如劉又銘指出：「荀子的心是具有道德直覺能力而能夠在種種情境中辨認價值的心，同時這裡的道德直覺是屬於一種非通透性。就面對情境當下作出抉擇而言的依他型的德行之知。」〔註100〕故是在事事物物中開顯出來的清明心，在這裡透一個直觀的心靈，即成直觀的世界，就是一種由物而見心的存在世界，正好正孔孟的形式不同。在海德格看來：「凡是如存在者就其本身所顯現的那樣展示存在者，都可在形式上合理地稱為現象學。」〔註101〕存在的意義就是這一確定的東西及其本質，存在的意義與具體存在的東西是聯為一體的，故荀子在歷史社會中所觀察的，不僅意味著人們可以從中獲得關於現象的知識，而更多是我們自身存在的真理，海德格認為：「這是一種生命的體驗，其實際狀態就是『此在』。此在與世界同在，這個世界不是一種知識客體，而是意義的世界。」〔註102〕此在在它通常的存在方式中總是當下地存在著，從歷史時間中獲得自己確定的意義，因此，它又必然是歷史的存在。荀子謂「疏觀萬物而知其情」，是對現象觀察是用抽象之理來觀，從萬物那裡得到的是萬物所依存的存在所構成之理，自然世界的萬物萬物是以這一理為根據；人文世界的萬事萬物，也是以這一理為根據的，這也是一種效果歷史的運作。

第四節　荀子的品格修養與次第

儒家的生命價值理想，是人如何在宇宙中與萬物相互調而可以達到成己、成人、成物，故建立公義的大同理想，是以道德生命為本侘的理想，也是現代人希望繼續堅守的人類理想，荀子個體觀表現在對個體、群體與自然方面。

從人性、心、到身體是一連貫的理論，荀子的身體蔣年豐曾提出荀子的身體觀的看法〔註103〕，而楊儒賓更明確提出荀子身體觀的三項構的成要素：「一、自然的器官——氣之身體。二、虛壹而靜的大清明統類心。三、依禮義

〔註100〕劉又銘：〈從「蘊謂」論荀子哲學潛在的性善觀〉《孔學與二十一世紀國際學術研討會論文集》（台北：政治大學文學院編印，2001年10月），60～61頁。

〔註101〕海德格：《存在與時間》（北京：三聯書局，2012年6月），頁44。

〔註102〕海德格：《存在與時間》（北京：三聯書店，2012年6月），頁45。

〔註103〕蔣年豐：〈荀子「隆禮義而殺詩書」涵義之重探——從「克明克類」的世界著眼〉《第一屆中國思想史研討會論文集——先秦儒法道思想之交融及其影響》，1989年12月，頁129～134。

而行的完美身體之行為法則。」〔註 104〕依此三要素可以看出，荀子對身體形上與形下的觀照，如對修養乃至養生觀念的提出、心能掌握五官的欲望，修身能讓身體達到生命活動極致。伍振動則延續提出荀子身體觀的轉化能力，乃是「身禮一體」的進路。〔註 105〕

一、身體外在實踐

荀子的生命結構大分為性、心、身三種要素，認為生命的運作乃要使身心滋養與平和的作用。身體觀點乃重視禮的後天教育與學習，要讓人走向君子品格的修養，故行禮首在能守誠而行義入理，從禮到理之間，則必須養心守仁，進而形神能化，以為君子的典範，個人之修身行事，必以禮為依循，禮即形如倫理規律，以為遵行，故禮與身之間如形上形下的整體觀照。故云：

> 禮者、所以正身也；師者、所以正德也。無禮何以正身？無師吾安
> 知禮之為是也？禮然而然，則是情安禮也；師云而云，則是知若師
> 也。情安禮、知若師，則是聖人也。故非禮是無法也；非師是無師
> 也。不是師、法而好自用，譬之是猶以盲辨色，以聾辨聲也；舍亂
> 妄無為也。故學也者、禮法也。(〈脩身〉，頁 71)

這是言禮為端正修身之標準，這其中，又需有師可以做為指導，禮能正人、師能導人，故禮師同體，即為聖人。如無禮作為依循，就好像盲人要辨色、聾人要辨聲，這是不可得能的。非禮者是無法也，由於禮中有理，理為正身之本，故謂之法，法即法則，法是原於禮而生也。人之血氣意志思慮，亦須由禮教化之。又論到：

> 凡用血氣、志意、知慮，由禮則治通，不由禮則勃亂提僈；食飲、
> 衣服、居處、動靜，由禮則和節，不由禮則觸陷生疾；容貌、態度、
> 進退、趨行，由禮則雅，不由禮則夷固僻違、庸眾而野。(〈脩身〉，
> 頁 49)

由此可知，不僅血氣、意志、知慮必須循禮，而且小至個人之食衣住行、大至國家之施政治民，均應依禮而行。可以見到，人的體內運作，有一種無形的規律，連飲食作息也要依靠這種規律，乃至生活中的一切所需，都是按照這

〔註 104〕楊儒賓：《儒家的身體觀》（台北：中央研究院中國文哲研究所，1996 年 12 月），頁 79。

〔註 105〕伍振勳：〈荀子的「身禮一體觀」──從「自然的身體」到「禮義的身體」〉《中國文哲研究集刊》，第 19 集，2010 年 9 月。

樣的規律在行持，這些都被荀子納為禮的範疇。故凡應對進步、容貌舉止，必依禮而行，始得其中，不由禮則將會粗野無度。

身體必然有其限度，人不能像動物一樣，行不如牛馬、飛不如鵬鳥、游不如河魚，但是人卻又能駕馭它們，讓自己也能達到鳥獸的能力。又云：

> 夫驥一日而千里，駑馬十駕則亦及之矣。將以窮無窮，逐無極與？其折骨絕筋，終身不可以相及也。將有所止之，則千里雖遠，亦或遲或速、或先或後，胡為乎其不可以相及也。不識步道者，將以窮無窮，逐無極與？意亦有所止之與？
>
> 故蹞步而不休，跛鱉千里；累土而不輟，丘山崇成。厭其源，開其瀆，江河可竭。一進一退，一左一右，六驥不致。彼人之才性之相縣也，豈若跛鱉之與六驥足哉？然而跛鱉致之，六驥不致，是無它故焉，或為之，或不為爾！道雖邇，不行不至；事雖小，不為不成。
>
> 其為人也多暇日者，其出入不遠矣。（〈修身〉，頁67）

這是荀子提供人修身之道，從修煉的角度來說，能擁有珍貴的人身，而且頂天立地在天地之間，這就是天地間無與倫比的幸運。人世間的任何所謂幸福，都比不上這份可遇不可求的至福。因此，出生在這個非凡時代的每一個人都應該珍惜自己的生命，珍惜這份萬古不遇的機緣。

身體不是機器，不妨利用萬物成就自己，人世間的山水及其萬物，所有展現於塵世間的花草鳥蟲，無不為人而生，為人而存，為人而用，為人而滅。人是萬物之靈，不是指人比萬物更有智慧，而是指人比世間的萬物都幸運，可以經歷更多的煎熬與歷煉，可以在有生之年修煉，可以唯一擁有返本歸真、得道圓滿的機會。塵世間的其他動物，無論多麼龐大、多麼靈性、多麼長壽，都沒有修煉的福份。

身體行為會造成有很多醜陋、惡毒和扭曲，例如貪婪、暴力、色情、挫折、苦悶、寂寞、失敗、痛苦與冷漠等，但是人的心念決定一切，一個人心中如果播下了真誠、善良的種子，美的源泉就會常留在人的心中。有人體才能修煉，有人體才有了返本歸真的希望。許多人發現了大自然很美，卻沒有察覺到人才是造物主最完美的作品，因為造物之神用自己的形象塑造了人的形象，人體之美超過世間萬物。

中國的古代典籍中也有「人為萬物之最靈最貴者」這樣一種思想。如《尚

書》中說，「惟天地萬物之母，惟人萬物之靈」(《尚書・泰誓上》)。荀子說：
「水火有氣而無生，草木有生而無知，禽獸有知而無義，人有氣有生有知，
亦且有義，故最為天下貴也。」(〈王制〉)「水火有氣而無生」，就是說水火有
氣但是沒有生命，這是一類。「草木有生而無知」，就是說草木雖有生命，但
它沒有知識、沒有智慧，這是第二類。第三類是禽獸，所謂「禽獸有知而無
義」，就是說禽獸有認知方面的功能，但是它沒有義。這裏的「無義」實際上
是指禽獸沒有禮義廉恥所確立的倫常關係。第四類就是人，人是「有氣有生
有知，亦且有義，故最為天下貴也」。在中國的傳統文化中，人因為能夠有知
且義的修養，故最為貴。荀子對人的身體觀再分述如下：

（一）身體欲望的合理性。荀子肯定人類欲望存在的合理性說起。荀子
認為，人有欲望，這是由人的天賦之性所定，是無法避免的，但是人性內在
的特殊結構，也能決定人的情欲的表達，也受到人心的思慮作用的支配，通
過道德的修養，讓心知、心慮能夠對情欲達到調節、制欲的功能。而其社會
治理的方向，也是追求滿足每一個人的欲求，能夠達到這樣的目標，就是善
的，反之者為惡，可見欲望的多少與社會治亂並沒有必然的關係。因此荀子
提出：「禮者，養也。」(〈禮論〉)蔡錦昌認為：「養，即是調養與潤飾之意。
荀子所謂的『欲』，非今日所謂欲望（desire/want），而是好欲（pleased to/prefer
to）。只有這樣的欲，才是可以調養的。『治氣養心』和『治氣養生』的養，都
是調養的意思。」〔註106〕荀子以為先王制禮的目的，就要培養人民的行為確
立一個合理的生活。荀子認為，欲望是人性重要的內容，對人而言，它是不
可或缺，而且就是為了能對治欲望，聖人才會制作禮義法度，所以荀子所體
認的儒者個體，是經過修養與調和後的工夫呈現，這是一種身體觀的特殊表
述。

人一出來就有了身體與欲望，荀子不但不反對欲望而且還正面探討，其
和人生的關係與影響，如云：「人生而有欲，欲而不得，則不能無求；求而無
度量分界，則不能不爭。」(〈禮論〉)物與欲之間必須要有調節，但人生而如
此，人性也是為惡，是以人無法自行調節，必要有聖人的出現，以禮義之分，
使人有所分職而立，有所立而有養，使人的欲也得到了滿足，人類秩序也因

〔註106〕蔡錦昌：《從古代思考方式論較荀子思想之特色》(台北：唐山出版，1989年
　　　　3月)，頁93。

此而相互延續，這就來禮欲之間的相關性。用禮節制個人慾望，用禮來修身，一切用來發展精神上生活上之滿足；這些滿足務必建立在禮義的基礎之上，用禮養人之慾求，以禮養人之情性。「需求，是個弔詭的名詞，不存在的複雜狀態，可能是客觀的普世標準或主觀的個別感受，需有具體事實或對照才會顯明。」〔註107〕欲望的需求來自個體內部的一種衝動，會引發個體持續活動並朝向特定目標前進，所以需求代表著一種不足或匱乏的狀態，任何人都不應低於的一條標準際線。故荀子提滿足人的需求，實具有養人及節制慾求的功能。

荀子認為人之有欲望，是個合理的事實，君子既不能要求人們無欲、少欲，則只有做到能恆久地充實滿足它，但在滿足的過程中，必須用禮來規定欲求的度量分際，才可以免於危亂。由此可知，禮是統攝一切生命活動的總樞紐，生活是生命活動中所涉範圍的領域，因此以禮為規範生活的最高原理，而生活則為實現禮的最好場所，這兩者的關係正是身心安頓的基本保證。一如舒斯特（Shlomit C. Schuster，1951～2016）云：「對古代的人而言，哲學是必需品。」〔註108〕長久以來，讓人們身心安頓是儒者的訴求，儒為中國人生活所必需，對儒者而言，以禮是人生的必需品，儒者有服務人們及社會的具體責任，以禮來保障人的需求，促進人們達成為美滿生命而努力。

（二）欲望必要調養。荀子認為欲同於性，是天生而有，不能使之消滅，既然欲是天生而有的，不能刻意除去，那就只有設法引入正途。荀子又說：「養人之欲，給人之求。使欲必不窮乎物，物必不屈於欲。兩者相持而長，是禮之所起也。」（〈禮論〉）乃是因為引入的方法，最先要做到「養人之欲，給人之求」，使欲望能夠獲得滿足，欲望得到適當的調適，則「使欲必不窮於物，物必不屈於欲。」有所養，則人不必汲汲追求欲望，物也不一定盡要必得。荀子這裡並不是要以禮來限制欲望，而是要使欲望獲得適度的安頓，所以說：「兩者相持而長，是禮之所起也」。若不如此，則人會因欲望無止境而爭亂不已。這就是「禮者養也」的真意所在，是任何從政者不可不正視的。

〔註107〕蔡培村、武文瑛編著：《成人教育學》（台北：麗文文化，2010年12月），頁193。

〔註108〕舒斯特著，張紹乾譯：《哲學診治——諮商和心理治療的另類途徑》（台北：五南出版社，2007年1月），頁29。

　　但是欲望於人是一種自然現象，而且欲望本身並無善惡可言。善惡的產生完全是由於人後天的選擇，因欲望不滿足，而引起爭亂，善惡由此可生。故荀子也認為對欲望，採取禁止、寡欲等方式，也是錯誤的。故有「欲不可去」，但也有「欲不可盡」的相衡說法。這兩者互有聯繫作用。因為既是天生之性，則自要有平衡的標準，是以五官有欲是自然，了知五官之欲也不可無限上綱，故云：

> 欲雖不可盡，可以近盡也。欲雖不可去，求可節也。所欲雖不可盡，求者猶近盡；欲雖不可去，所求不得，慮者欲節求也。（〈正名〉，頁915）

這裡說明欲有其可盡而不可盡之處，認為欲只能盡量滿足，但欲不可窮盡的追逐，一定要有所節制，尤其在欲望不可達到時，人就要有所慮除，也就是達到欲望的時時候，心也要有所控制，不能起說讓自己身體無限去挖掘，如此身心才能平和。荀子以「五官之欲」（〈王霸〉）為例，說明人天生所具有的生理需求，人天生的生理需求是自然之性，但如果不能具足時，就不可強力索求。此時就要有準則可循，如云：

> 今是人之口腹，安知禮義？安知辭讓？安知廉恥隅積？亦呥呥而嚼，鄉鄉而飽已矣。人無師無法，則其心正其口腹也。今使人生而未嘗睹芻豢稻粱也，惟菽藿糟糠之為睹，則以至足為在此也，俄而粲然有秉芻豢稻粱而至者，則瞲然視之曰：此何怪也？彼臭之而無嗛於鼻，嘗之而甘於口，食之而安於體，則莫不弃此而取彼矣。（〈榮辱〉，頁141）

以欲望之性與認知之心二者，為兩個不同層次的事物，說明人天生就有追求美好事物的本能。人天生就有追求美好事物以滿足欲望的本能，如求而不能得，得而不能具，此時如不能節制人之欲，就會造成社會紛亂。對於人們之欲與心的關懷正是儒學的本質，是以，荀子以禮作為「分別等差」的標準，以「別」當作養欲、節欲的依據。

　　（三）身體、欲望與禮義之間的關係。欲望的控制內在於人，而人就是要遵守禮義，如云：「夫義者，內節於人，而外節於萬物者也。」（〈彊國〉）荀子在此又提了一個準則，即「義」也。義，指禮的內在法價值，表示禮不但有外在的法度規範，也有內在的價值意義。「內節於人」，除了是節制人欲之外，也具有滿足而後止的義涵，所以滿足的標準，不是一味的感官享受，

而有一其內義的原理原則。這不僅僅是嚴苛的抑制人欲的方法，也是正視人性欲望是一種天生本能，不具有善惡之分，所以人性欲望是可以在有條件、限度的情況之下被滿足。

人的心靈被欲望的所掌控，永無止盡的貪婪、愚昧與不義的行為打擊著人生，而成為一種病相，荀子通過「以義來內節於人」，要解決此人的苦痛，表示「禮義」能以合宜的限度來滿足人欲的方法，也是配合以禮為分、以禮養欲的原則所建立的準繩。

從羅蒂心的特質與不承認本質的觀念來看，羅蒂說：「將哲學建立如同『上帝之眼』與『非歷史的進路』的說法，是哲學的一種自欺。因此主張，撤去將知識建立在客觀與先驗主體的本質主義進路，轉而提出一種歷史的知識觀。」〔註109〕一如荀子強調先王歷史的進路，以心之所可的「陳萬物而中懸衡焉」，可以通向於道，這道是傳自歷史的發展，是關乎事物、欲望、情感的價值衡量上的禮義之道，因此對道的追求，已經有一種價值意識的呈現，而對「道」的認知就是具體衡量與明確辨認。因此其言「虛則入、壹則靜、靜則察」就必須預設著，包含著一種道德直覺與良知的作用。這乃是打破歷史成見，反射出傳統的缺失，照映出傳統理論的非人文性的部份，荀子依此「鏡式哲學」的特徵，要人以常涵養此心清明，使心物圓融相攝，而使感性與理性結合。

以上現象學的「描述、超越、構成」三個觀點，來分析荀子由「虛壹而靜」的工夫義，並以心為主體意識、且能賦予意義，從反省中得到完整的知識，並以聖人為最佳例證。說明人性可經由聖人所起之偽——禮義之調節、導引產生變化，其關鍵在心是否做到虛壹靜之湛明而能發揮認知禮義、以禮義思考判斷的作用？如果心得以依據禮義而抉擇，那麼人經由後天的學習以及人為的造作之偽加以導化，則可以使不完美之性趨向完美狀態。

儒者的教育必須滿足人格完成的需求，若無法獲得人格整全的安頓，生命就會變得流離失所，說無所依託。荀子在禮生命教育觀，期許君子乃成為具有符合禮制的人，以禮樂的推行上要滿足的社會需求，也要求道德的歸屬，一個君子道德生命的完成是以天下大定的成就為前提的，道德客觀面的完成

〔註109〕理查·羅蒂著，李幼蒸譯：《哲學和自然之鏡》（北京：商務印書館，2012年10月），頁23。

更是一名儒者關懷的重心，也才能為全人的生命教育。

二、內在品格的修養

　　荀子認為儒者具有構造社會人群之法式，可以將散漫而無分義之人群穩固而貞定之，使之教育成價值之存在。故以儒效或效儒的方式，即以禮為儒者的特質，以禮的價值具有修身養性，和諧人倫關係的作用，政治上則有維持君臣關係、教化百姓，也有具備統整、分別其物類不同的效用，則儒者的表現會因為對象的不同，有所差異，這是因學習上的差異而有不同的品第分別，依道德實踐之修養所能達的程度，將人品區分為四類，最下者為俗人，次為散儒，再為雅儒，終極為大儒。

　　（一）俗人。「故有俗人者，有俗儒者，有雅儒者，有大儒者。不學問，無正義，以富利為隆，是俗人者也。」（〈儒效〉），將學習有稱度者以儒稱之，除此之外皆俗人〔註110〕。泛指一般的販夫走卒，為了生活而汲汲營營，不從事學問，更不可能學禮，所以也不能明辨是非，毫無禮義的觀念，這些人只是以財富利益當做是人生最高標，而沒有禮的目標，就如同山中的野草一般，可以不必論及。

　　（二）俗儒。「逢衣淺帶，解果其冠，略法先王而足亂世術，繆學雜舉，不知法後王而一制度，不知隆禮義而殺詩書；其衣冠行偽已同於世俗矣，然而不知惡……是俗儒者也。」（〈儒效〉）荀子對於俗儒的描寫，只是有特殊打扮的人。但是這些人稍懂儒術，粗略地能稱先王之道卻胡亂稱說，不識禮義之統，反而擾亂了世間的治道。而且所學駁雜又有錯誤，行為有錯也不知恥，說法有點像墨子一般，尚同無別，兼愛無差執，卻不能明辨先王、後王之別。他們口稱先王，只是為了向君王求取衣食，稍有有得就揚揚自若。跟隨在王公大人之後，以逢迎親信與上賓，也不敢有其他想法。這些人胸無大志，只求俸祿，雖有儒之名，卻無儒之實，是之謂「散儒」。荀子這裡大既指向一般的知識份子，名之為儒生，但又不符合聖人的意志，故勉強用庸卻的儒生來稱說，而他在〈勸學〉之中，又有「散儒」、「陋儒」之稱，雖各有差異，但荀子認為，這些大概都是同類的。

〔註110〕《荀子》書也常以小人和君子對稱，是小人也是俗人，也列為俗人。如〈天論〉云：「君子敬己不慕天，小人錯己慕天」，亦有所謂「姦人」，概為最低下的品第。

　　（三）雅儒。「法後王，一制度，隆禮義而殺詩書；其言行已有大法矣，然而明不能齊，法教之所不及，聞見之所未至，則知不能類也；知之曰知之，不知曰不知，內不自以誣，外不自以欺，以是尊賢畏法而不敢怠傲：是雅儒者也。」（〈儒效〉）荀子對於一般的儒者，還是有很高的標準，在其廣博深遠的知識籠罩察查之下，禮是精深而廣大的，凡尚不能達到標準的儒者，也給予雅儒的稱謂。

　　（四）大儒。「法先王，統禮義，一制度；以淺持博，以古持今，以一持萬；苟仁義之類也，雖在鳥獸之中，若別白黑；倚物怪變，所未嘗聞也，所未嘗見也，卒然起一方，則舉統類而應之，無所儗作；張法而度之，則晻然若合符節：是大儒者也。」（〈儒效〉）大儒，是荀子最後要推類出來的代表，也就是他的標準，是要以「大儒」來法理天下國家，能「調一天下」。

　　若君主用了俗人，只為自己的利益著想，因此就連萬乘的大國都會滅亡。用了俗儒來治國，因為此人不能明辨大法，故萬乘大國雖能運作，卻不能安穩。用了雅儒來治國，則千乘之國能達到安定，但萬乘大國就不敢說。如果能用大儒來治國，則，千乘之國，三年之後，可以得到安定。若萬乘大國，用大儒來治國，能施行各種法制，很快就能稱王稱霸。〈儒效〉最後又總論地將儒做分別等第，如云：

> 志不免於曲私，而冀人之以己為公也；行不免於汙漫，而冀人之以己為脩也；甚愚陋溝瞀，而冀人之以己為知也：是眾人也。
>
> 志忍私，然後能公；行忍情性，然後能脩；知而好問，然後能才；公脩而才，可謂小儒矣。
>
> 志安公，行安脩，知通統類：如是則可謂大儒矣。（〈儒效〉，頁333）

荀子對人格等第的劃分是以「知」與「行」，即認知與實踐做為標準。將人格以道德來區分，這對重視政治社會客觀性層面的荀子而言格具意義，如牟宗三所說：「客觀的分位之等，其根源當在人格之價值，客觀化於組織之中即成為分位之等，此即義道也，人格價值之層級，客觀的分位之等之價值層級，是儒家基要觀念，孟、荀於此緊要處皆不放鬆。」﹝註111﹞荀子對於人格的看法和先儒並沒有特別的不同，然而在立論定位上與程次有所差別，以個體之道德實現來規定，同時以此為人的最終極的目標。

　　荀子理想的人格，在於能充分知禮且能體驗禮者，能對禮義有充分的認

﹝註111﹞牟宗三：《名家與荀學》（台北：臺灣學生書局，2006年9月），頁118。

知，同時在實踐上能具體的表現禮義者，此一「聖人」之人格足以做為每個人的型範。能知禮義、行禮義之理想人格，其品格特徵如何呢？就理想人格的內在品格而言，可謂之「全而粹」：君子知夫不全不粹之不足以為美也。(〈勸學〉)「全而粹」是一完美的人格。

三、從天君到天德

內在的人格展現了儒家對人格注重的共同特徵，亦即以知、情、意的整合為理想人格的內在品格，孔孟荀展示了一脈相承的共同理想，只不過，孔孟所規範的知情意，主要立基於「仁」之肯認上，知情意為內在的德性；而荀子則以「攝禮歸仁」為主要訴求，其中亦有其道德主體的認定，如云：

> 君子養心莫善於誠，致誠則無它事矣；唯仁知為守，唯義之為行。
>
> 誠心守仁則形，形則神，神則能化矣。誠心行義則理，理則明，明
>
> 則能變矣。變化代興，謂之天德。(〈不苟〉，頁 102)〔註112〕

君子的養成是禮的本質，當聖人「見人性的自然欲求有而不得，故做為『養人之欲，給人之求』的制禮，其動機是在滿足人性的自然之欲求，以之節制欲望，並未抹滅人性的自然欲求。」〔註113〕在節制欲求後，以誠開出仁義之操守，進而能形神能化，體會禮行而能理明，這理也是遵行自然律法理，故可以為天德。

荀子則將知情意等人格的內在品性與外在的禮連繫，較孔孟更為注意現實的問題，換個方式表達，內在品性與外在規範的連繫，即是視遵守基本的行為規範，是構成內在德性的基礎，在此基礎上，又將君子分為士、君子、聖人三階段，視為生命實踐的三過過程，要在其對內景清明心的掌握程度此即為「天君」也。荀子在一定程度上繼承了戰國時代士人的自豪，但又對這種作了重新詮釋，他並不贊同所有的士人，而是重視他稱為「士君子」的那些人，即具有極高品德的士人是有道德修為的君子，故君子之本皆是要達到「天德」。

荀子在〈天論〉中所論述的天職、天功、天情、天官、天君、天養、天

〔註112〕王天海注：「至德，極高之德。喻，使人喻。施，施惠。親，使人親近。感，畏也，使人畏。」《荀子校釋》上冊（上海：上海古籍出版社，2009 年），頁104。

〔註113〕王祥齡：〈論荀子禮法之法理思想〉《第三屆中國文哲之當代詮釋學術研討會會前論文集》（台北：國立臺北大學中國語文學系，2007 年 10 月），頁231。

政，都是天生而自然，天生而有，是無善可言，而且是被對治的，故尚未具備明確的道德價值，此後的天德卻是從正面說起，極具儒者的傳統性格。〔註114〕又說：「天不言而人推高焉，地不言而人推厚焉，四時不言而百姓期焉，夫此有常以至其誠者也。」（〈不苟〉）正如孔子曰：「天何言哉，四時行焉、萬物生焉。」荀子發出回應說，天地四時都不言，而人卻許其高廣博厚，又稱許四季運行之德誠，故天地四時都表現出其言有信、其行有誠，這都是天地有其恆常之德，故能生生不息，荀子此說也表現出「至誠無息」的德操。因為天地的生化，有其真實、無妄之本，所以才能有生養的功德，人在天地之中，具天地之德，也是要至誠無息。如云：

> 君子至德，嘿焉而喻，未施而親，不怒而威；夫此順命，以慎其獨
> 者也。善之為道也，不誠則不獨，不獨則不形，不形則雖作於心，
> 見於色，出於言，民猶若未從也；雖從必疑。（〈不苟〉，頁102）

君子將天德的朗現是誠心而神明，是君子的修養能化能變，此交相為用就是「天德」君子的大德，不必言說而人自能瞭解，不曾施恩惠而人民喜歡親近，不曾有怒容而人自然生生敬畏。這都是順天命之常，因為慎其獨，故善於為道，又誠心守仁義，專一於仁義之善，所以他以誠而以見其道，就在自然之中與生活之處無為而為。如果不是這樣，則必有所表情的現象，又可能會有任何言語的指示，但人民也就因此有所懷疑，而不敢遵從。這可以看出天德在於大化，大化才符合自然，符合於道，這才是君子的終極作為。

君子的生命教育，首以君子的品格修養，終而符合天德，教育終極的高度成就處也在於向「道」的回歸，是之謂「大形」。就這點而言，荀子所談的「一體」無疑地是聖人的最佳手段。禮是貫穿一切的重要質素，但是終極處則在於完美人格、完善秩序與完全統治的合致。荀子的「禮」有極強的實踐性的同時，而荀子的禮治也存在著教化的功能。荀子強調了客觀與經驗性的「禮」，透過禮的管道與方法將社會乃至政治成員安排定制，一旦定制化之後，秩序的重構就有可能性，如此以來，一方面禮給予外在的規範，另一方面禮又給予了充填的實質內容，就此禮與法之間有了橋接，禮的秩序與法的秩序之間，就由聖人轉接起來，順情合理。

〔註114〕 蔡仁厚認為：「此乃從正面說『天德』，顯得非常特殊。」、「與『天生人成』中被治的負面的天，迴不相侔。」見氏著《孔孟荀哲學》（台北：臺灣學生書局，1999年9月），頁487、488。

荀子引「天志」的觀念，以「天君」、「天官」之說，以人對感官即天官，可以感知人的主宰之意志，荀子絕無宗教意識，以人本為主要訴求，人以自己天賦力能，自我感知、自我控管。其天德的生命教育觀，在於禮的價值，禮的價值在於實踐的程度，即學禮之人，能學習積累到何種程度，而會表現出何種境界，這就是世間的價值呈現。學「始乎為士，終乎為聖人」〔註115〕，士是君子的基礎，然則成聖非能一蹴可及，道德實踐的第一步由士開始，循序漸進君子而聖人，所以學必至沒而後止，真積力久必能入也，千萬不可躐等躁進。

四、客觀學習的重要性

中國傳統教育也是屬於全人教育的觀念，即從小到老都在進行學習。故儒家認為教育是一種不朽的志業，是君子的學問，也是對知識的掌握。儒家對「教育」具有三項涵義：一、作為人性的挺立；二、品格的涵養與修習；三、是端正天下的志業。故儒家向來特注重學習，孔子以降，「學」就是指受教育者主體性的喚醒。《論語・學而》「學而時習之」一語中的「學」字，從漢代以降一直是解為「覺」，《說文》：「學，覺悟也。從教，從門。」〔註116〕《白虎通・辟雍》：「學之為言，覺也，已覺悟所未知也。」〔註117〕這些義理都傳承下來，而為荀子所接受。如孔子主張「學而不厭、誨人不倦」、孟子有「得天才英材而教之」，故教與學是一體兩面，荀子也是強調勸學與積習以成就君子。然而學習當然要以經典為主，經典才具有開發天賦，醞釀人文素養，及陶育人格智能的主要作用，也成為傳統文化中重視經典的原因。

荀子勸學強調聖人之教，在五經教育中又特立以禮為教，因人性有著與萬物不同的特殊性，所以立禮為個體挺立的原則。在學習的程序，是「始乎誦經，終乎讀禮」，以禮為經典範式。荀子在〈勸學〉中不斷表達，學習的範圍則要廣博，從知識的累積，漸積為道德的修善，人格的完成，乃至善群治

〔註115〕王先謙的《荀子集解》註云「荀書以士、君子、聖人為三等，修身、非相、儒效、哀公篇可證，故云始士終聖人」可見荀子的認定中「士」是一個起點，這樣的士應當是就「才能」而言的，而君子以至於聖人則涉及了道德的完備，事實上這也就是「既知且仁」的過程。

〔註116〕段玉裁：《說文解字注》（台北：藝文印書館，1999年9月），頁128。

〔註117〕陳立：《白虎通疏證等二種》（台北：鼎文書局，1973年9月），頁85。

國以端正天下，這些都是要經由禮的教育。教學之間最重要的是堅毅不拔的
精神和始終如一的目標，因為學是以「禮」為標準，所以能呈現內在的真實
是鍥而不捨、善假於物、重視境教、尊師重道、全人教育等內容，荀子禮都有
細要的分析，茲將其教育觀歸納論述之。

　　荀子是最為重視學習，《荀子》首章立〈勸學〉為要，學是學習禮義之道，
故他立禮以為典範及原則，建立「依傍他力以為學之所以必要，而法聖王之
說之所以不可蔑示。然而荀子於依自力以致思之事，亦復頻頻及之。」〔註118〕
除了強調客觀環境的學習之外，他對於思維能通達知識的學習，重甚於感覺
經驗，故以勸學為主要方式，勸學中主要以經典為教材，乃成為當今推動的
「讀經教育」的先聲，學者王財貴曾說：「經典之所以為經典，其重要特色是
發自人性，超越時空，不管要承繼自我傳統，或要吸收外來文化，其簡捷的
進路，便是直接從各民鎮的經典之作中，去汲取其民鎮的文化源頭活水。」
〔註119〕而在經典的閱讀作用上，最主要是將經典的指導用之於日常生活，這
方面荀子不但建立其理論而且躬身實踐，真正將聖人的教化落實於人生作用
中，茲列其勸學要領分述之。

　　（一）積與學。學習總是要歷經各種嚐試，生而知之的人，或許就不需
要學習，但這樣的人只是少數。荀子看到人生社會的現象，總是趨惡者多，
而向善者少，所以勸人要不斷努力學習，在不斷累積之中而得到成長，如〈勸
學〉所述：

> 積土成山，風雨興焉；積水成淵，蛟龍生焉；積善成德，而神明自
> 得，聖心備焉。故不積頗步，無以致千里；不積小流，無以成江海。
> 騏驥一躍，不能十步；駑馬十駕，功在不舍。鍥而舍之，朽木不折；
> 鍥而不舍，金石可鏤。（〈勸學〉，頁 18）

雖然人可以利用物為我所用，但是要使用得宜，也是需要學習，慢慢累知識
技巧，終而能「積水成淵」、「積善成德」。「積」是荀子特別重視的觀念，由小
流積成江海，駑馬也能一步一步完目標，而且積的過程，更要「鍥而不舍」，
只有精益求精、力行不懈，然後「金石可鏤」。荀子化性起偽的主張，通過學

〔註118〕余家菊：《荀子教育學說》（北京：首都師範大學出版社，2011 年 4 月），頁
　　　　51。
〔註119〕王財貴等著：《讀經教育理論與實務》（台北：洪葉出版社，2011 年 6 月），
　　　　頁 34。

而積慮習能，故學習精神必須持續恆誠。故云：

> 學不可以已。青，取之於藍而青於藍；冰，水為之而寒於水。木直
> 中繩，輮以為輪，其曲中規，雖有槁暴，不復挺者，輮使之然也。
> 故木受繩則直，金就礪則利，君子博學而日參省乎己，則知明而行
> 無過矣。故不登高山，不知天之高也；不臨深谿，不知地之厚也；
> 不聞先王之遺言，不知學問之大也。干越、夷貉之子，生而同聲，
> 長而異俗，教使之然也。（〈勸學〉，頁1）

「學不可已」點出荀子學習的元素，人們出生不同，個性習慣也就不同，這
些都是「教使之然」，故教與學是不可分開，君子博學同時也要闡先王遺言，
使人民有所教，風俗有所化。

　　（二）善用物與境。人與物境是環環相扣的結合，人如果能知道利用物
境，則生活智慧可以事半功倍，故孔子說：「吾嘗終日不食，終夜不寢，以思；
無益，不如學也。」〔註120〕只有思考而不願學習者，是為孔子所不取者。荀
子以孔子的觀念，認為只有實際的學習，才是真正達到成效，那些虛妄之辯
言、不求進德修業者，不知道藉事物來為人所用，都不是君子應該有的態度。
如云：

> 吾嘗終日而思矣，不如須臾之所學也。吾嘗跂而望矣，不如登高之
> 博見也。登高而招，臂非加長也，而見者遠；順風而呼，聲非加疾
> 也，而聞者彰。假輿馬者，非利足也，而致千里；假舟楫者，非能
> 水也，而絕江河。君子生非異也，善假於物也。（〈勸學〉，頁9）

荀子認為，生而為人，必有其後天上的不足，人不像長頸鹿以高遠以望，不
像猿猴以讓手臂加長，不像飛鼠能藉風而呼嘯飛行，不像跑馬能善於奔跑，
不像蛟龍能乘水勢而游行……等等，這些天生的不足，有智慧的君子，能可
以「善假於物」。利用物的特色，為我所用，利用馬也能跑千里、利用船也能
游遍江河，這是善於學習，故善假於物就是善假於學。荀子舉例曰：

> 南方有鳥焉，名曰蒙鳩，以羽為巢，而編之以髮，系之葦苕，風至
> 苕折，卵破子死。巢非不完也，所系者然也。西方有木焉，名曰射
> 干，莖長四寸，生於高山之上，而臨百仞之淵，木莖非能長也，所
> 立者然也。（〈勸學〉，頁9）

〔註120〕朱熹注：《論語·衛靈公》（台北：鵝湖出版社，2008年），頁167。

這是荀子譬喻環境的影響，當「天地生之，聖人成之」的透視時，人們對於環境的選擇，聖人應經給人們相當的保證，荀子不斷比喻連類，也是反映到若能在聖人的禮制之下，就能得到環境的無虞。故云：

> 物類之起，必有所始。榮辱之來，必象其德。肉腐出蟲，魚枯生蠹。
> 怠慢忘身，禍災乃作。強自取柱，柔自取束。邪穢在身，怨之所構。
> 施薪若一，火就燥也，平地若一，水就溼也。草木疇生，禽獸群焉，
> 物各從其類也。是故質的張，而弓矢至焉；林木茂，而斧斤至焉；
> 樹成蔭，而眾鳥息焉。醯酸，而蜹聚焉。故言有招禍也，行有招辱
> 也，君子慎其所立乎。（〈勸學〉，頁15）

從物類的連想，其充分理解到人類生存的事實上總是佈滿荊棘的，聖王的出現，在歷史中披荊斬棘，象徵著人性在不同歷史階段中的覺醒，一次一次的衝過時代的限制與黑暗，造就了文明與尊嚴。

在荀子苦口婆心的反省裡，聖人制定禮義法度的應世，其實是「教與學」的覺悟力量在人間世界的具體呈現，也是人類克服其其生存浩劫、文明危機所必須一再師法的典範。沒有他們在時代的奮起，對人性超越理想的覺醒，人類也就沒有未來，歷史即沒有意義。這才是荀子所要做的，他不斷論述，所提供的禮，正是為了對聖王志業的承擔，所以他要呼籲，一個君子居住要選擇好的環境，交友要選擇有道德的人，才能夠防微杜漸，保其中庸正直。林俊宏說：「（善假於物）對於荀子而言，是積極義與消極義並重的，二者祇是不一樣時間點上的功能轉變而言，善於假借好的工具或是方法可以使人取得較佳的或是避免較為不好的結果，事實上指的就是『理性』的一個操作型定義」〔註121〕，荀子所要表達的，正是從「禮」所呈現出的人類理性特質，也就是一種禮的生活實踐。

故荀子的「善假於物」的可有三層分析：1. 禮是代表了一個進行社會化的工具，同時也是歷史進步的現象；2. 荀子對於成聖必須透過對「禮」來完成，禮的成就是聖人，聖人代表「道」，故禮─聖人─道是連結性關係。3. 社會變動的可能性，是禮治的高度運作。馬斯洛提到：「真理命令必須的行動，

〔註121〕林俊宏：〈荀子禮治思想的三大基柱──從「化性起偽」、「維齊非齊」與「善
假於物」談起〉《政治科學論叢》（台北：台灣大學政治系，1998年6月），
第九期，頁216。

故以『是』命令『應該』〔註122〕，說明禮是一種真理的命令，在禮的指導下，對知識的取得是達到禮治的理想，所以能善假於物是充分引導人走向有知識的人。

君子學習，荀子認為特別要重視環境。這環境包一切自然、人事物與己之間的關係，這就是一種「境教」的重視。故〈勸學〉云：

> 蓬生麻中，不扶而直；白沙在涅，與之俱黑。蘭槐之根是為芷，其
> 漸之滫，君子不近，庶人不服。其質非不美也，所漸者然也。
> 故君子居必擇鄉，遊必就士，所以防邪辟而近中正也。（〈勸學〉，頁
> 9）

居於仁者所居之里，是為美，故子曰：「里仁為美；擇不處仁，焉得知。」（〈里仁〉）。不擇處仁者之里，隨意而居，安得為有智者。擇鄰里之間有仁厚之風俗者為美，一般人選擇居處，若不住在有仁厚風俗之地，則易迷失自己。故又云：

> 人積耨耕而為農夫，積斲削而為工匠，積反貨而為商賈，積禮義而
> 為君子。工匠之子，莫不繼事，而都國之民安習其服，居楚而楚，
> 居越而越，居夏而夏，是非天性也，積靡使然也。（〈儒效〉，頁330）

環境對人會有潛移默化的轉化，累積多了就會有影響的作用，所謂「居楚而楚、居越而越、居夏而夏，乃是積靡使然。」所以要對居住的環境必須謹慎選擇，「君子之所漸，不可不慎」以防邪辟而近乎中正。荀子想要建立的是「禮的環境」這境教是指環境為人塑造一個良好的學習環境，讓人在耳濡目染下建立正確的價值觀，以收潛移默化之效。成語中有「萬金買鄰」之說，鄰居環境的重要性，更說明好的鄰居和環境的珍貴，而與鄉鄰多往來，可以見賢思齊、可以導德齊禮。

人做為有限的存在，人是永遠無法完全超脫諸多客觀的限制與束縛；然而，這其中是否能夠成就，完全取決於人的抉擇。因為不管環境多麼嚴苛，在這些限制之下，人可以自己掌握，而只有對他所面臨的種種限制，採取如此的立場，人才能證明自己真正是個人，一個存在的價值。這從儒學的觀點來看，儒者從來都是正面地面對問題，不論社會環境，天賦性質和本能的驅使，一切條件可以拘束人的自由範疇，但這些卻無法完全抹煞人對這些限制，

〔註122〕馬斯洛：《人本哲學》（長春：吉林出版集團，2013年6月），頁118。

所採取個人挺立的能力。荀子在這裡指出，人不但建構、塑造生命的歷程，也是建造自我的人格，而這樣的人格是指向君子。

（三）請教師友。自古人際關係原本十分複雜，居住的環境可能是來自四面八方的人物，彼此之間成長的背景，生活的條件殊不一致，對許多事情看法也自然不同，凡事都有各種不同的意見，學習上就會顯得紛雜而莫衷一是。個體的學習，也要有方法，人不同於動物，動物只知道使用萬物、適應環境。但人因為能夠學習，使自己的知識技能與道德學問不斷成長，進而能改變自己的品格，也能創造更美好的生活。人會從學習中利用萬物，而能利用人事而有更好的學習。客觀之環境上，還有賢師、良友。

馬斯洛在研究人物時，他的研究對象能夠充分利用和開發天資與潛能，竭盡全力達到完美的人，並說：「他們是一些已經走到或正在走到自己力所能及高度的人。」又云：「人無完人，自我實現者也不例外，他同樣也存在著各種各樣的缺點……有一些缺點不影響他們成為自我實現的研究對象。」〔註123〕這些個性也趨向荀子的學習方向，蓋古之學者必有師，湯師伊尹、文武師姜尚、孔子師老聃，師者可以傳其道、解其惑、授其業，因此荀子重師法之教，人多知而無親、博學而無方，所在勸學重親師，無師法者隆其性、唯利之見，是人之大殃，無法通達大道。

乃知荀子十分重視「良師益友」的重要性。良師益友是最貼切的學習事項，以師可以指導禮儀，則禮儀的學習自然更能符合生活法度，友能砥礪德操，讓自己在生活中的禮儀臻至圓熟。學習禮儀本來就是好學之方，但是如何能性質美而心有辯知，這是日常生活中慢慢漸潤的學習，在接近師友之中已經開始有了轉變，人也漸步走向仁義忠信，但這種潛移默化的效用，只有從師友之中得到才能做到。又環境的影響環境的教化之中，又以能夠親近師教，是獲得學問更為捷徑，並且是更為有效的方法。故荀子說擇鄉、就士，更深一點來看，其實判斷良師益友，應該以他的言行是否能合於「道」，若能符節，相交之後，會讓自己愈見進步才是，故謂「三人行，必有我師。」說的就是朋友各有專長，我應該向素有德行的朋友、學有專精的朋友多加學習，而在專長與德行之間，我們當以德行為重。故云：「國將興，必貴師而重傳，貴師而重傳則法度存。」（〈大略〉）貴師重傳，現代的解說就是「尊師重道」。人

〔註123〕馬斯洛：《人本哲學》（長春：吉林出版集團，2013年6月），頁160～161。

世間的各行各業及百工技藝，莫不存在著「師」的作用，只要稍為細心地觀察一下，就可以發現這個普遍存在的事實。

在儒家傳統中，老師是典範，教育就是一種典範學習的過程。故云：「師術有四，而博習不與焉。尊嚴而憚，可以為師；耆艾而信，可以為師；誦說而不陵不犯，可以為師；知微而論，可以為師。」（〈致士〉）自古師法之道，是非常需要講究「尊師重道」的道理。師長本身必先明經修行，且能竭盡職責，始克受人尊敬。關於前者，荀子以為師長應當志於禮義，言行合宜。在朝則使政治修明；在野則修養品德，所謂窮則獨善其身，達則兼善天下。師無不竭盡職責，荀子雖然認定人性是惡的，但是可以化導，透過博習而可以致擁師術。師者應做到：「故非我而當者吾師也」、「以善先人者謂之教」、「庸眾駑散，則劫之以師友」（〈脩身〉）這些都是行為人師、身為世範的教育觀。除了賢師有益於學習外，揀擇良友也是對於學習有幫助的，如云：

> 今與不善人處，則所聞者欺誣詐偽也，所見者汙漫淫邪貪利之行也。
> 身且加於刑戮而不自知者，靡使然也。傳曰：「不知其子，視其友，
> 不知其君，視其左右，靡而已矣！靡而已矣！」（〈性惡〉，頁 960）

人不可以無友，實則人不可以無良友，君子與小人同處，唯以「善」擇之，如同孔子論友亦有損與益之分。孔子曰：「益者三友，損者三友；友直、友諒、友多聞，益矣；友便辟、友善柔、友便佞，損矣。」（〈季氏〉）故真正的朋友必須具有正直、能體諒、並且樂於學習善知識的特質。在生活周遭有形形色色的朋友，他們在無形之中啟發吾人對事情的解讀，在吾人沮喪時能夠體諒，真正維護我們；在吾人得意忘形時，能懇切地提醒、勸諫、激勵吾人更上層樓；在吾人誤入歧途，有所偏頗時，能夠以「道、義」時刻提醒。〔註124〕

荀子所謂的能讓人「身日進於仁義而不自知」之良友，反之則為損也，故與人交友不可不慎取，故曰：「取友善人，不可不慎，是德之基也。」（〈大

〔註124〕馬斯洛提到：「自我接受與接受他人的緊密相關，體現在兩個方面：一、他們沒有防禦性，沒有保護色或者偽裝，他們大多數時候都能坦然面對一切變化，他們不會為了達到某種目的而改變自己的外在表現，他們活得極度瀟灑自在，完完全全是為了自己而活。二、他們厭惡自己身上矯揉造作的行為。他們與自己的缺點甚至也能和睦相處，這些缺點往往變得令人感覺根本不是缺點，而只是中性的個人特點。」參見馬斯洛：《人本哲學》（長春：吉林出版集團，2013 年 6 月），頁 166。而這樣的主張，能自我實現的人，其實也是儒者所認為可以學習的朋友。

略〉）荀子教人朋友的重要性，「取友善人」是修德進業的根本，人是否以能成長，從士君子以至於聖人，是否取友善，有相當的重要性，因為友就有，能相與友者，只有善友，善道是同道，同道是走向君子之道，君之能共聽內義，勸人學禮，故取友不可不慎重。

第五節　荀子生命哲學對生命教育的啟示

　　生命的結構多元、複雜又無比的奧妙，自古以來，不論中西或各宗各家，仁人志士畢其一生都在這個議題上努力，為人們提供一條無限寬廣的道路，生命探索也各有表述。在傳統的世代裡，中國人對身體與生命的關係，其意義、內涵與認知，大都來自於天地的觀察，或來自長者的教說，如謂天有日月、人有雙目；五官百骸之說，人有陰陽進而有精氣神，古時有武師可能天神溝通，到了孔子則將之神內化入心，而孟子的時代前，將天地五行——木、火、土、金、水，轉而內化為生命的五常——仁、禮、信、義、智；另外中醫也發展出陰陽、五行調和的生命觀。然而到了荀子並沒有接續這一理路，甚至是否定這種想法，他轉而重視在性、心、身的觀察及其價值意義，他開創出自己的生命體察與生命哲學的建構。

　　生命教育雖是個全新的名詞，但也可說是古老的概念，吾人可以發現今人某些高妙的說詞，在古人的言論中不斷被反覆運用，故「生命教育」並完全沒有超越古人的範疇。呂雄等說：「生命教育既是一種身、心、靈的全人教育，也是一門科際整合的教育，含括：社會科學知識範疇的教育學、心理學、社會學、法學、環境生態學……等理念（屬身、心領域）；以及自然科學知識範疇的生物學、生命科學、醫學、衛生保健……等理念（屬身體、生理的領域），以及人文學知識範疇的宗教、哲學的理念（精神領域）」〔註125〕。故生命教育是一套教育系統，它和生命本身有相同的目標：在心靈與心智、身體與精神的各個層面上逐漸進步，經由教育可以得到具備平衡、成熟、有效率、快樂、和諧的生命狀態。

　　現今生命教育的推行，充滿了人文意涵，似形成一股潮流，甚至政府單位也希望人人去學習、去推動。然而生命教育的概念，實際早形成在中國人

〔註125〕參考呂雄、李岳牧、蔡德欽合著：《生命教育概論》（台北：新文京出版社，2011年2月），序頁1。

的傳統思維之中，如攸關生活秩序的倫理道德等議題，在傳統本就是最為重視的德目，所謂「做人做事」的道理，並不是從學堂裡學來的，而是生活之中點點滴滴的耳濡目染。余德慧曾指出：「生命教育絕非知識性灌輸，它與一般知識不同之處，在於它的出身並非讓人在認知上獲得資訊，或者在某些事情的處理態度上，獲得某個角度的理解，而是它讓自身浸淫在某種身心狀態的氛圍底下，形成一種人格生命的了然。」〔註126〕我們可以說，任何中國人的思維仍然來自於傳統，亦即「做人做事」的應用原理原則，是一種符合天道天理的言行，是才是全人觀之頂天立地的生命狀態，也才能符合中國人對「生命教育」的理解。

生命教育在台灣的發展，雖有逐漸成形的趨勢，然而各家各說乃至各校各院，仍有其自行的規範與定義，徐敏雄在《台灣生命教育的發展歷程：Mannheim 知識社會學的分析》：「從目前台灣關於生命教育的研究論文來看，降低青少年自殺率與犯罪率似乎是各界對台灣生命教育起源的看法，而生命教育該應當包含哪些課程內容也有了初步的共識。」〔註127〕這個學術發展的聚合現象固然可能反映出學科發展的熱絡度，但它也可能暗示台灣的生命教育已出現瓶頸，因為重視科學而忽略傳統，將會為出現台灣生命教育發展的時代意義衝突與侷限。生命教育不能只是課堂上制式的科目而已，也不能全然地使用外來的知識，填充入傳統中國人的生命個體，反而應該積極探源於中國傳統的哲理，那些早為人人所知的學問智慧，在陳年破舊的經典裡，重新發掘古人已經給我們寶藏，屬於華人的生命學問與教育。

生命教育所開顯的生命價值，不是商品化，或以量化來稱量，而是指生命的本身具有不可替代的，人人皆提公義的價值，不因富貴而增加，也不因貧賤而減少，更不因遠近親疏而有所分判，而是能夠互相尊重、彼此互敬互重，在共生和諧的情境下，體現生命的尊嚴，這就是生命教育的意義所在。故劉易齋說：「生命教育最重要的一課，是要還原生命的意義，生命有沒有意義？不僅是哲學家和宗教家們關心、探討的命題，也是全體人類乃至共生

〔註126〕余德慧：〈台灣生命教育的社會文化介面及其論述的產生〉、《教育資料與研究專刊》，2007 年 12 月，頁 119。

〔註127〕徐敏雄：《台灣生命教育的發展歷程：Mannheim 知識社會學的分析》（台北：師大書苑，2007 年 8 月），序頁 2。

鏈者必須正視的課題。」〔註128〕故生命的本質就含有教育的意涵，每一個人活在世上的每一天、每一刻，都有追尋生命奧秘與顯詮生命意義的本能，這也是人面對自己需要具備的觀點。

生命教育的範疇與運用，學者劉易齋將「生命教育」課程教學領域分為八大區塊：

一、生命哲學與全人教育：建立正知整全的生命觀，人生觀和生活觀，做好身心靈均衡的健康全人。

二、生命科學與養生保健：探索宇宙全生命及人類生命的起源，進化及發展，包含醫療科學，基因學、遺傳學、營養學、抗氧化、免疫力、經絡與養生保健等。

三、生命倫理與社會教育。包含人際關係，兩性平等教育，人權教育、生態倫理、價值與規範、品德教育、婚姻教育、社會正義、生命禮俗等人文議題。

四、宗教信仰與靈性教育。世界性制度化宗教的基本思想概念、宗教禮儀、宗教信仰的終極關懷、生命靈性的自我完善、人性本善的社會實踐、宗教傳播、心靈淨化和身心統合等範疇。

五、經典選讀與歷史文化。薪傳東西方歷史實典人文智慧，例如：易經、聖經、道德經、六祖壇經、以及孔子、甘地、德蕾莎、史懷哲等聖哲典範。

六、生活規劃與終身學習。指引生涯、學涯、職涯的規劃；培養危機處理能力、問題處理能力、澄清生涯的常數與變數，以及終身學習等。

七、生活藝術與抗壓能力。音樂、藝術賞析、文學治療、健康飲食觀、生活與禪修，認識水的信息，體認森呼吸，茶道、情緒管理、憂鬱症和精神性病變的認識與自殺防治。

八、生死教育與生命關懷。宗教領袖與歷代高僧的生死觀、西藏生死書、臨終關懷、安寧照顧、憂傷輔導、往生助念、殯葬禮儀與超薦，身心靈結構的完整關懷，人道主義的全人關懷，悲傷輔導的基本技術等。〔註129〕（參考以下附圖一）

〔註128〕劉易齋等著：《生命教育》（台北：國立空中大學出版社，2011年1月），頁34。
〔註129〕劉易齋等著：《生命教育》（台北：國立空中大學出版社，2011年1月），頁15～16。

附圖一：「生命教育」課程教學領域圖

生命教育教學領域		
	1. 生命哲學與全人教育	建立正知整全的生命觀、人生觀和生活觀。做好身心靈均衡的健康全人。
	2. 生命科學與養身保健	探索宇宙全體生命及人類生命的起源、進化及發展，包含醫療科學、基因學、遺傳學、營養學、免疫力、抗氧化、經絡與養生保健等。
	3. 生命倫理與社會教育	包含人際關係、兩性平等教訓、人權教育、生態倫理、價值與規範、品德教育、婚姻生活、社會正義、生命禮俗等人文議題。
	4. 宗教信仰與靈性教育	世界性制度化宗教的基本思想概念、宗教禮儀。宗教信仰的終極關懷、生命靈性的自我完善、人性本善的社會實踐、宗牌傳播、心靈淨化和身心統合等範疇。
	5. 經典選讀與歷史文化	傳續東西方歷史寶典人文智慧，如易經、聖經、可蘭經、四書、道德經、六祖壇經等聖哲典範。
	6. 生活規劃與終身學習	指引生涯、學涯、職涯的規劃、經營；培養危機處理能力、問題解決能力、澄清生涯過程的常數與變數，以及終身學習等。
	7. 生活藝術與抗壓能力	開發音樂、藝術賞析能力，及文學療癒、健康飲食觀、生活與禪修，認識全息信息，森呼吸、茶道等生活藝術。達到情緒管理、憂鬱症和精神性病變與自殺防治。
	8. 生死教育與生命關懷	重視臨終關懷、安寧照顧、憂傷輔導、往生助念，殯葬禮儀與超薦。身心靈結構的完整關懷、人道主義的全人關懷、悲傷撫慰的基本技術。

生命教育的本質，是離不開現實生活的，如果以改革為口號，而切開傳統文化，這是惡劣的壞榜樣，以錯誤的意識型態來代替傳統優良的基因和良性的道德準則，這都不是教育的本質。〔註130〕

人也可以因為生命的能所的思慮，進而調整修養臻至君子的世界，這是儒家「人可以為堯舜」、「人可以為禹」的意義所在，荀子一生都在推展儒學的教化，都是因為人人有此生命本原，故可以從孫效智所提在生命教育的方向：「深化人生觀」、「內化價值觀」、「整合智情意行」、「尊重多元智能」等方向來探論荀子生命哲學在生命教育的特色：〔註131〕

一、深化人生觀。是屬於人生哲理的範疇，生命意義、目標與理想的探問，這個部分其實就是儒者的終極關懷的課題，荀子從觀察人生將為惡，並從解蔽、批判到開發內在生命，他所主張的「智」也不只是知識技能，更該是深刻的生命智慧，荀子一生之中也積極開展這樣的觀點。

荀子所開出其生命教育認識，認為性是天生自然的部分，無分善與惡，但到了與人際相處之後，人性有可能為惡，故這是從自然到社會、個體到群體的過渡，性之所以可能為惡，正是人可以力求圖破，不斷轉向美善的努力，聖王站在歷史的關鍵，能提供禮義以化性起偽，將惡轉而為向善。故荀子的整個思想建構，都是從「性惡」這個基源開始，而有了一系列對禮理論的開展，然而人類理論的建構是否是根據社會適應不良者的資料？一如美國的心理學家羅洛·梅（Rollo May，1909～1994）曾說：「個體所遭逢的獨特困境，都和所有的人類衝突一樣，皆反映了人類的普遍特性。」〔註132〕故荀子以個體生命「性惡」的核心思維來揭論人類衝突的根本要素，這些都是人類歷史重複出現的基本特質，為了提供解決之道，必須這種基本特質的源頭。

荀子「性惡」說影響後人討論之範疇，以及對人性與治理等方面，乃有了很大的回響。胡適認為：「荀子雖說性惡，其實是說性可善可惡。」〔註133〕

〔註130〕 以上可表所列的八大教學領域，亦成為本論分章論述的展開依據。參考，劉易齋等著：《生命教育》（台北：國立空中大學出版社，2011年1月），頁13。
〔註131〕 參考，孫效智：〈生命教育的內涵與實施〉《哲學雜誌》，第三十五期──生命教育，2001年5月，頁24～26。
〔註132〕 羅洛·梅（Rollo May）著，彭仁郁譯：《愛與意志》（台北：立緒出版社，2010年3月），頁11。
〔註133〕 胡適：《中國哲學史大綱》（上海：上海古籍出版社，1987年），頁228。

佐藤將之引兒玉六郎提出以「性樸」來取代「性惡」〔註134〕。美國學者孟旦認為，時下學者太過重視「人之性惡」一句，並認為「〈性惡〉篇之外，荀子的性並不是惡，是作為一種潛在的東西而出現。」〔註135〕荀子原意不重在論性惡的證成或性本質的探源，乃是為了「出於辭讓，合於文理，而歸於治」（〈性惡〉），故其性惡之說成為禮的基源，是為成就正理平治的社會。以「性惡」做為一種人生或社會的意義，得以進化成為對治的工具或觀念，性惡的發展讓君子自覺到爭亂的產生，故有聖人制禮以為一種倫理意義的價值，是為其禮的生命教育。王邦雄等人也認為，荀子的性乃可以矯正而趨善。〔註136〕有的學者以荀子「性惡」的論點問題，可以採取「第二序」的研究，觀察「君子之德默然而喻」的默教著手，似乎可以得到較為公允的答案〔註137〕。如蔣年豐言：「『性惡』這個這麼嚴重的事實，突顯了禮義法度的必要。但這個論述其實不是荀子從人性論來證成禮義法度的唯一可能。荀子很可能早就默認『禮義法度可以化性成善這個事實』，他即以這個事實為思想核心；如此一來，『性惡』只不過是為了烘托對顯此思想核心而擬想設定的。」〔註138〕故性惡只是為了除惡，但並不放棄內聖外王精神，如果「性惡」的主張，可以教化人而為入聖的方法，則荀子性惡之教，可以開發出儒學生命教育的新觀點。

因為可以對治，並且進而引導人走向君子，故形成其禮樂文化的教育模式，是一種正向積極的意義教導，正如心理學家弗蘭克對「意義」觀點的論述，詮解「性惡」對人的重要決定，不必再附會詮釋「性惡」的字眼，以性惡即是荀子觀念的基源，也是荀子重視人之性的因素，從而可以化解後來筆者

〔註134〕佐藤將之：〈荀子哲學研究之解構與建構：以日中學者之嘗試與「誠」概念之探討為線索〉，《國立台灣大學哲學評論》，第 34 期，2007 年，10 月。

〔註135〕孟旦著，莊國雄、陶黎銘譯：《早期中國「人」的觀念》（北京：北京大學出版社，2009 年 9 月），頁 77。

〔註136〕王邦雄認為：「荀子不但說明性惡，同時也強調化性起偽的重要……正要以人文之偽破斥道家本性自然之說，只是荀子在化性起偽上力斥道家，卻在心虛壹而靜上傾向道家……同時也是荀子建立人文世界的重要起點。」參閱，王邦雄等編：《中國哲學史》上冊（台北：里仁書局，2010 年），頁 89。

〔註137〕參考林宏星：〈荀子思想中『默』的體知與面向〉《合理性之尋求》（台北：臺大出版中心，2013 年 7 月），頁 223～245。此亦符合筆者推尊荀子為「隱聖」的說法。

〔註138〕蔣年豐：〈從思孟後學與荀子對「內聖外王」的詮釋論形氣的角色與義涵〉《中國古代思想中的氣論及身體觀》（台北：巨流圖書，1993 年 3 月），頁383。

對「性惡」解說的可能難題，帶出性惡意義下的教化內涵。

二、內化價值觀。屬於倫理學與思想教育的範疇，培養人對於成熟的道德思維與判斷。以道德哲學為基礎倫理思想教育，荀子以聖人的「道」為價值，具現為「禮」的運作，並規劃各種操作方式，以化性起偽之理念，如實地進行說理而不說教，以期培養人們慎思明辨、專一而清明以掌握多元價值。又在生命教育思想的開發上，荀子乃以人性為其核心觀點，性與情、欲混雜，故性可能為惡，但另一方面，又有能思慮的心，可中理之心，故又能夠統攝能所的對立成為生命氣象，以心能制性；心又住在身之載體，故心能利用身，來進行自我品格的修養，以至擴充天德為禮義世界，更達到正理平治的世界。從荀子對個體生命的結構與意義，可開展出其生命教育修養觀的體系。

三、知情意行的整合。荀子從各個方向教導人們提升情緒智商、交談傾聽以及同理心，以及教人們面對欲望的處理能力，並幫助人們將知性上內在的價值理念，統整於人格之中，並在實踐抉擇上體現出來。

荀子認識到心的自主性發揮，只能以具體的感性經驗活動為前提，合理的認識活動，必要超越認識主體的個別性，通過向其他現象的場域的開放而獲得與普遍原則的相通。荀子以人心好利多欲傾向，所提出「虛壹而靜」的澄心工夫，發揮心對理義的攝取、認可作用以達「心如槃水」，可以瞭解具社會規範性的禮義法度。因此在社會資源有限的情況下，人欲可能無限際的延伸，可是只要覺醒人的理心，透過心的明理崇禮，一切發展都在可以掌握的範圍之中，故可讓人接受認同社會規範而不會逾矩，社會歷程也在這樣的運作不斷升進。

荀子認為身體具有欲望與學習的功能。欲望是可貴的，能給予人創造的動力，又人賦有知能乃天生的理性，身體更是美好的，是行禮的工具，人能以此身體來開創出美善的世間，只要透過聖人的禮教，證道之路為每一個人開放。舒斯特稱：「在適當的思考、正確的行動、福祉三者之間是直接關聯的，在猶太基督教的世界觀裡，『健康』的概念，現在變成間接地和思考與行動有關。」〔註139〕人類只能從醫生的看診治療疾病，但哲學家想要治療的是靈魂，儒者想要帶給人生的是終極的安頓。在此，可知中外歷史中的哲人，總能不斷提供人類解藥，以達本返源的方式徹底解決人生的苦痛。荀子就以

〔註139〕舒斯特著，張紹乾譯：《哲學診治——諮商和心理治療的另類途徑》（台北：五南出版社，2007年1月），頁79。

提供源頭的對治。以人事之治亂都是具其一定的道理，所以「參稽治亂而通其度」，人文世界事事物物治就的道理，也都可以在學習中而得到解釋與說明。也可要知荀子學習以走向道德的建構。東方朔說：「荀子已經預設了一道德主體，荀子雖然沒有在這方面系統的說明，然而在道德主體中有關欲望、認知、意志的反覆辯證，已經提拱了一條門徑，其由『性惡』所預設的理論及其所證實的禮義世界的存在，已然預示了這樣一種轉化的事實」〔註140〕。這道德主體正是自我意識的「先驗統一」，如康德釋云：「在一切表象中，聯結乃唯一不能由對象授與者。因其為主觀自身活動之一種活動，故除主觀自身以外，不能有此種活動。」〔註141〕羅蒂認為：「真理是被製造出來的，不是發現到的。」〔註142〕人不可能逃離歷史，正如荀子的生命思考，以聖王歷史脈絡下，真理可以被人們所開發，這是對道德主體開發的事實可能。

　　四、尊重多元智能。每個人都有不同的智慧模式，多元智慧的理論可再次為「適性教育」賦予深切的意義，也就是尊重人們的個別差異，每個人的心智模式都是由各種不同的智慧組成，所以每個人都有其認識世界的獨特能力。荀子在這方面表現在積習、分義、法治、統類等教育思想的運用，期能開展每一個人的智能，並走向君子聖人的學習。

　　當荀子將禮義推於聖人之制定，他以清明的知能，學習以累積經驗，終得以創造禮義。因為聖人從虛壹而靜而不斷解蔽，從而擁有大清明心，因此聖人獨特的修身過程，乃由可能性過渡到存在性的過程，這便是說明人的一種經驗價值，聖人如此，人也可以邁向為禹。荀子的禮義不斷在勸學中開展，只有透過聖人才能揭示意義的內涵。聖人就是那存在者，祂知道在現實之不真的性惡，只有將禮義才能真正將「道」揭示於世間，故荀子將禮理合論，一切的理解就在聖人的經驗價值中。經驗必須辨合符驗、重視積習、不斷地解蔽與省察，故荀子從人性、心理、身體之中，發展出其生命教育的價值。

　　荀子的生命哲學是從個人到群體，群體是由個體組成的，一個真正倫理行為除了個人的自得之外，更必須以其他人事物為對象，而在與他人他物的互動中不斷的調整各自的行為，以至於協調出彼此都認可的互動模式或習慣，

〔註140〕東方朔：〈心知與心慮──兼論荀子的道德主體與人的概念〉《國立政治大學學報》，第二十七期，頁 54。
〔註141〕康德：《純粹理性之批判》（北京：商務印書館，2013 年 6 月），頁 99。
〔註142〕理查德‧羅蒂著，徐文瑞譯：《偶然‧反諷與團結：一個實用主義的政治想像》（台北：麥田文化，1998 年 7 月），頁 35。

這就是荀子的「義」；久而久之，形成群體各分子間不言而喻的默契、共同規範，甚至成為條文化的契約、原則或律法，這就是荀子的「法」。而荀子的道德也不僅是個人私有的一種內在德行，更發展出文化群體的共同規範、公共道德。由此進一步推廣，更成為不同文化群體、國家間應該具備的理想對待的道德關係，成為人類全體的普世的道德理想，這就是荀子的生命哲學，此時才是真正倫理道德的完成，是為生命教育的意義。

荀子生命哲學重視人性的觀點，他體認到人獨具的人性、心理、禮義等；因為人具有得天獨厚的心性——禮理心，人才能加以修養，開人人的心靈，努力地往做為一個人的方向實踐而就人的價值，然而人必須要與群體發生關係，良性的互動會幫助群體生命的走向美善，這就是荀子的「禮理」之生命教育。

第三章　荀子的禮樂與倫理教育

　　傳統禮樂文化，除了禮和樂兩個部分之外，實際包括了所延伸的治法刑賞等概念。傳統中國對禮的部分主要對人的身份進行劃分和社會規範，最終形成等級制度；樂的部分主要是基於禮的等級制度，運用音樂進行緩解社會矛盾，而治法刑賞等乃是禮樂教化其中的方式。荀子以社會倫理的乃以禮樂的教化，進而發展出有條理有系統之條理，基於以禮為始的理論，他將禮由一種儀節轉化成一種理性的規範，使得宗教性質的禮，轉變為一種對治人性、文飾人事的儀節。

　　荀子認為，唯有透過重新解構禮的世界，標舉養別之旨、提倡欲情融攝，才能撥亂為正建立新的禮宇宙觀。徐復觀說：「禮在《詩經》時代，已轉化為人文的徵表。則《春秋》是禮的世紀，也是人文的世紀，這是繼承《詩經》時代宗教墜落以後的必然性發展。此一發展傾向，代表中國文化發展的主要方向……禮的觀念，是萌芽於周初，顯著於西周之末，而大流行於春秋時代，則《左傳》、《國語》中所說的禮，正代表了禮的新觀念最早的確立。」〔註1〕此時的禮學發展，漸漸朝向「禮的新觀念」之發展，禮之義涵有法重大的轉變，荀子正是大刀闊斧，將儒家之禮學邁向新的里程。

　　傳統社會文化在歷經社會變遷而失卻時空條件的支持，呈現歷史的間斷性部分，則應審時度勢、與時推移。面對社會典制不合時宜而當興革損益的可變部分，荀子提出應擺脫片面之見，要「體常而盡變」(〈解蔽〉)，即以整體性來克服片面性。同時，在歷史經驗的上，反映出荀子務實尚變的客觀精神，重視典制在社會變遷時的主動反省、修正和對客觀環境的調適性。

　　當荀子提出禮樂為核心並以倫理的教化為運作，實際也化解了當時社會的諸多矛盾，林啟屏說：「今日許多學者喜歡從『經驗主義』的角度，強調荀

〔註1〕徐復觀：《中國人性論史》（台北：臺灣學生書局，2010年7月），頁23。

子對於原始宗教信仰的解放，以及因此而帶來的理性人文精神。事實上，荀子的確相當重視論證問題時，應注意所論之事的驗證。」〔註2〕在這方面荀子有強烈的批判性，凡經驗若不能符合事實，則不能為荀子的認同。人性趨利則公義不彰，理義與私利的對立，猶正義與不義之對立。人性雖有自私自利的傾向，然治亂端賴客觀的社會層級制度，然若失去公義，則將偏袒某些特殊層級的私利，故倫理的教化是要符應每一個社會階層與分子。

第一節　以人為本的生命溯原

　　荀子以為昔者的原始樣態，其質樸的情性之自然協調，已然不可復得，因為人際關係運作的必然性，會使人類在順性惡之勢的驅力之下，進而出現對於人倫的干擾。這樣的觀點使得荀子的人性，逼近出類似孟子人性本善獨斷的傾向，然而人性的惡，事實上就根植在人類有一種無法逃避的人類荒謬，只有在這種荒謬中看到真象的人，才能進而掌握到真實，這便是荀子強調「人本」的理性態度，也成了其禮行的態度。如云：

> 禮有三本：天地者，生之本也；先祖者，類之本也；君師者，治之
> 本也。無天地，惡生？無先祖，惡出？無君師，惡治？三者偏亡，
> 焉無安人。故禮、上事天，下事地，尊先祖，而隆君師。是禮之三
> 本也。（〈禮論〉，頁757）〔註3〕

天地是一切存在的根本，有了天地，才有人與萬物一切的生命，人秉此生命開創人文活動而為禮，故禮要以此為生命的態度，使人類生命得到了延續的可能，開出生命倫理的尊天法地、報本返始、尊師重道等三種元素：

〔註2〕林啟屏：〈荀子思想中的「身體觀」與「知行觀」〉，頁133。
〔註3〕關於「禮有三本」的解釋，學者也有各種看法。如孔繁認為：「禮有三本，是指禮之本源有三。」參考孔繁：《荀子評傳》（南京：南京大學出版社，1997年11月），頁21。劉子靜《荀子哲學綱要》說：「禮有三本，便是禮的三種對象。」（台北：台灣商務印書館，1988年8月），頁48。陸建華認為：「三本，就是禮制取象於天地人，可以說是禮的效法對象。」陸建華《荀子禮學研究》（安徽：安徽大學出版社，2004年12月），頁62。近來學者大多以此觀點，認為三本，就是人類禮制的三種對象。但若從「人本」來解釋，天地是生命的本源，故面對瞭解而後才能利用。先祖是文化的傳承，故人類的文明的活水，故後人要有所敬之以對。君師是禮教的本源，是學習的源始之義，同時也是積習仿效的對象，故後人敬而應對。故筆者將之解釋為，禮之三本，就是人本有三，以人為本。

一、尊天法地

　　人類與動物最大的不同，就是人能分別與天的不同而人能參天制天，「天地者生之本」從而人又能知天、體天而謝天。天地自然是支配人類生活的超越力量，由於對大自然天體運行的難以捉摸，又是人賴以生存的本原，於是人對天地自然的崇拜，形成了人類社對自然世界中最早的精神寄託。從這一段話，可知荀子思想中「禮」並不是第一序列的原則，禮之前尚有天地、先祖、君師為其根本的依據。

　　儒家的觀念承繼了上古的天、帝、天命的觀念，漸漸轉出道德意識，將宗教人文化，把人的精神意志化為大我永恆，可以合天人、又可通物我、徹幽明，貫古今，與廣漠的宇宙打成一片，人與天地並列三才，這種關連為一體的理性，到了孔子才真正的建立起來，荀子接續孔子之教挺立人本，別開內聖外王的續業。故云：

> 列星隨旋，日月遞炤，四時代御，陰陽大化，風雨博施，萬物各得其和以生，各得其養以成，不見其事，而見其功，夫是之謂神。皆知其所以成，莫知其無形，夫是之謂天功。唯聖人為不求知天。（〈天論〉，頁 676～677）

天是自然有其功用，在方而隨其所方，在圓而效法其所圓，於自然無所違背。「天」的名分、地位，亦即「天」的神秘屬性都可以見到，人雖然都知道天道生成的萬物，卻沒有人知道其形蹤是如何生成？只有聖人能知道，因為聖人能知「以義變應」，他不刻意彰顯天的神奇，他知道天有天的能事，而人也有人的能事，天人分別有本身的作用。又云：

> 天不為人之惡寒也輟冬，地不為人之惡遼遠也輟廣，君子不為小人之匈匈也輟行。天有常道矣，地有常數矣，君子有常體矣。君子道其常，而小人計其功。《詩》曰：「禮義之不愆，何恤人之言兮！」此之謂也。（〈天論〉）

天有四時季節、六氣變化，這是天的事。大地能生五穀、六畜，這是地的事情，人類配合天地四時節氣，按照天地的自然來做事，這就是人能「參」之事。人如果捨棄了參天地的能力，而只期望天地把一切的福份都終臨到身上，便是一種愚昧之事。荀子將天看作是自然的屬性，消除了一切神秘的權威力量，完全無涉人間的禍福吉凶。依此，便可提出「天人之分」的說法，將人與自然分際彰顯，表明了「天人分職」的觀念。天道不因人事之變遷而改變其常軌，人事

之治亂亦不能影響天道之運行規律，因此，應將天道的歸天道，人事的歸人事，明白人不能曠廢其職分而妄求天，天也不能奪人所應負之責。如是可知，天有其職，人有其分，應各司其職，各盡其本分，此即所謂「天人之分」。

二、報本返始

　　「先祖者，類之本」此乃荀子追溯先祖以來的本根之存在，依此說明人本產生的根由及其必然，皆賴先祖的開創而有價值的生活，這就是傳統報本返始的觀念。李澤厚說：「荀子的類，具有一種現實性的社會內容。」〔註4〕牟宗三說：「荀子說人，自始即為位于『分位等級』中之客觀存在體，亦即位于客觀理性中之存在體。從未孤離其所牽連之群與夫所依以立之禮（理），而空頭自其個之為個之自足無力而言人也。」〔註5〕歷史中不斷出現各種回歸本真的法則，而荀子提供「類的人」〔註6〕之回歸，那就是了知先祖的存在，因為有先祖這個本，禮有了依循的目標，那個目標是一種想要回歸的本真。這現象性回歸的本質，就是一種人性歷史的本真狀態。

　　荀子云：「先祖者，類之本」，楊寬認為：「把所有各種尊敬神和人的儀式一概稱為禮。等到貴族利用其中某些儀式和習慣，加以改變和發展，作為維護貴族統治用的制度和手段，仍然叫做『禮』。」陳來認為：「……從文化人類學所了解的資料來看，儀式並是不從生產活動接發源的，而是一定的宗教、文化觀念的產物。」〔註7〕先祖以來的文化活動雖有其根源處，然到了荀子則將其以人文化、理性化，如云：

　　　　裁非其類，以養其類，夫是之謂天養。順其類者謂之福，逆其類者
　　　　謂之禍，夫是謂之天政。（〈天論〉）

王先謙註云：「飲食衣服與人異類，裁而用之，可使養口腹形體。……順其類，謂能裁者也。遂其類，謂不能裁者也。」〔註8〕類指的是人類，歷來學者大多

〔註4〕李澤厚：《中國古代思想史論》（天津：天津社會科學院出版社，2003年5月），頁123。

〔註5〕牟宗三：《荀子與名家》（台北：臺灣學生書局，2006年9月），頁210。

〔註6〕楊長鎮：《荀子類的存有研究》（台北：文津出版社，1996年5月），頁31。

〔註7〕陳來：《古代宗教與倫理——儒家思想的根源》（北京：三聯書店，2009年4月），頁265。

〔註8〕王天海引王先謙註云：「飲食衣服，與人異類，裁而用之，可使養口腹形體。」久保愛云：「順其類者，謂奉養利于身者，逆其類者，謂養害于身者。」（上海：上海古籍出版社，2009年10月），頁682。

依此說法。先祖與我同屬於人之類，故禮也因先祖的傳承而得以開展，這也是自古人們敬重「天、地、君、親、師」的觀念。

人類群居是以血緣關係的氏族和家庭，形成了早期的社會形態。在這樣的原始氏族社會，每個血緣氏族的祖先，自然對這個氏族的形成和發展具有重要的意義，於是在人們的觀念中便自然形成了對祖先的崇拜。除祖先之外，再連結到渺遠不可知天，故對天地自然的崇拜和對祖先的崇拜結合起來，神鬼祖先的意志便成了人類活動的絕對命令。因此，禮的本源，最早的表現形式就是祭祀——對天地自然的祭祀和對鬼神祖先的祭祀，從祭祀下貫到禮儀的生活，一切儀軌賴聖人得以創造之，聖人因人民存在之「性惡」可能，於是生出「禮」的創造，亦形成人文精神的創造，故性惡乃是一種創造的價值。陳來認為：「荀子在〈禮論〉中前半部闡述了禮的原則與精神。後半部則具體討論了喪祭禮所體現的原則和精神，這與《儀禮》和《禮記》把生死之禮看成禮之主體一樣。」〔註9〕荀子在人文歷史的事物經驗中，發現一種普遍法則，即從先祖到人，能以禮知通各種統類者即為大儒。

荀子觀念中聖人是不同於凡人，而禮之建立主要也是靠聖人，類之本之統類的形成，一方面建立各類的人倫關係以「盡倫」；一面在使各類之人所分別創造的人文，更相限制，以相配合、相統率，而入得成就以「盡制」。這是配合天地、先祖、聖王，所形成的盡倫盡制之人文統類，其中重要的環節乃在於聖人。其不只是重在各種具體的事物中、或只重在心中，而是核心的知通統類，以聖人將天地與先祖連繫而又分別，行成其統類觀。荀子的人文價值，是要使世間由偏險悖亂而致正理平治，成就人文世界，故〈禮論〉云：「禮者人道之極」就是強調類先祖而為「類之本」之人的重要性。

三、尊師重道

「君師者，治之本」君師所制定的禮義正是道也，是人生命的根本與生活的原理，是荀子的核心的觀念，也是形成儒家尊師重道的觀念。君師即聖人、大儒。

禮義是為治理社會、調適人性而提出，然聖人一經提出之後，就已脫離原來預設之歷史意義，而成為一普遍性、必然性、客觀性的原則或秩序，所以禮的根源來自聖人及聖人所接續的禮義之統。此乃由於禮雖是做為人文世

〔註9〕陳來：《古代宗教與倫理》（北京：三聯書店，2009年4月），頁298。

界的規範，但任何一種制度或規範，是有一套形上原理來支持。荀子則認為
由聖人制作以產生禮義之規則，也是依據經驗的考察，如云：

> 故先王、聖人，安為之立中制節，一使足以成文理，則舍之矣。然
> 則何以分之？曰：至親以朞斷。是何也？曰：天地則已易矣，四時
> 則已遍矣，其在宇中者莫不更始矣，故先王案以此象之也。（〈禮論〉，
> 頁 796）

先王聖人建立合乎禮義中道的禮以調和人情，並作為節制人情的準則，使人
人都能合乎禮情，成乎禮文。先王制禮的原則，是觀察天地運行的軌跡，四
時更替的變化後，比照自然現象作為週年除歲的規定準則。由此可知，荀子
認為先王禮文的訂立，能配合自然萬物生成的時序變化，使人事政令符合自
然運行的軌跡。故聖人之偽，則是聖人效法學習古代聖人所制之禮義法度，
而為人們所敬仰。

通貫一切永恆不變之理的「禮義之統」為價值最高依據，將禮義之道的
具體內容實現於世，是百王不變之道，唐君毅云：「此道被在此主客內外之中，
而為人心循之以通達於外。」〔註10〕荀子的終極目標，也是社會政治最終的
方向，荀子的道上事天，下事地，即人據禮而與天地溝通。荀子能夠突破傳
統，並且勇於改革儒者的詮釋路線，提出天人之分這樣不同於前儒的理論，
其對於「天」的詮釋與定位，對當時的時代直接產生了多層影響，在深一層
意義的探討，這樣的影響要比理論本身更為重要。故林俊宏說：「在荀子而言，
最有效的『德』，事實上就是『禮』；而性與偽事實上所談的，也就是從自然轉
到社會層次的「性」的差異，因此「德」與「性」無疑地經歷了互訓到對立疏
離的轉變。」〔註11〕從原本不分善惡的中性之自然，到了社會層次上，惡則
與德對立，在這個層次的「性」可能為惡，但也是因為這樣的性惡，才能反省
到必須要透過禮加以整飭，這就是一種價值觀的教化。

從人類的文明精神發展來看，最初由神權的最高尊重，到人的獨立自主
性被放到抽象的本質世界中，到了現代文明，人極力擺脫抽象永恒世界的束
縛，成為現實中活生生的人，就此張世英論述云：

〔註10〕唐君毅：《中國哲學原論‧原道篇》卷一（台北：臺灣學生書局，2004 年 10
月），頁 446。
〔註11〕林俊宏：〈荀子禮治思想的三大基柱：從化性起偽、維齊非齊、善假於物談起〉，
《政治科學論叢》（台灣大學政治學系，第九期，1998 年 6 月），頁 199。

若從人的自由本質或獨立自主性發展的角度來看，則人類思想的發展似乎也可以劃分為三個階段：第一個階段中，神權受到最高的尊重，人的獨立自主性被放在他世或來世中，因而受到神權的壓制；第二個階段中，抽象的本質受到最高的尊重，人的獨立自主性被放在抽象的本質世界中，受到形而上學本體論的壓制；只有到第三個階段，人才擺脫他世和抽象永恆世界的束縛，從神權和形而上學本體論中解放出來，要求把自己的獨立自主性放在現實的具體的世界中，才能成為時間現實中的、活生生的、真正獨立自主的人。〔註12〕

中國的文明也是如此，最早神人治理，到天賦人權受到天道人心，到了荀子則做出拋開天的束縛而為人的獨立自主。最能獨立自主的形象則是聖人。禮的依據是來自君師，君師能以禮義為正治平理之手段，如此君師可以提人們向善之道，周德良提「心偽說」認為：心偽者，就是聖人能依禮治人、以心治性，而能化性起偽的可能〔註13〕。從弗蘭克意義的態度，更能說明荀子的服價值抉擇：「面臨一個絕望的情境時，經由我們對所被施加的限制所採取的態度，我們仍然可使得自己的生命有所意義，因為即使是在最為絕望的情境中，我們仍然擁有一項抉擇的自由，可以決定自己將要如何去面對自身的命運。」〔註14〕這樣的抉擇是不想被動地去接受命限之絕望，荀子想要改變人民性惡的困限，認為人可以透過心的意志，以「化性起偽」開顯態度的價值，通過禮義而可以成就生命價值──君子、聖人。

荀子認為，天是自然生成一切，故天地乃生之本，是讓我們可以掌握禮義的本原之一；先祖是人的本原，也是我們學習禮義的來源，而君師是治之本，真正制定禮義的是君師，君師之治是向善性的引導，人們在後天環境與師法的薰陶下，藉由學習和修養，可以化惡性為善，形成高尚的道德人格，而強調只有聖人的心，才能夠有此「化性起偽」之能，以為治世間一切之本源。故性惡之說是一種對治的意義，荀子禮學架構正是以此種對治之意義而立論，也可說是人性向善的立論。

〔註12〕張世英：《儒學：歷史、思想與信仰》（北京：北京商務印書館，2011 年 5 月），頁 279。

〔註13〕周德良：《荀子思想理論與實踐》（台北：臺灣學生書局，2011 年 4 月），頁 64。

〔註14〕弗蘭克：《生命的主題》（台北：遠流出版社，1999 年 5 月），頁 353。

第二節　名實觀的倫理定位

任何一種行動或思想都起於認知之觀念，名就是觀念的代表，因此，「名」給予的行動正確目標，也對生活和社會倫理給予基本的認定，名乃改革社會和道德所不可或缺的，是必須正確而合禮。名實之間，始於孔子對人際關係的基本思維。孔子云：「名不正則言不順，言不正則事不成，事不成則禮樂不興，禮樂不興，則刑罰不中，刑罰不中，則民無所措手足。」（〈子路〉）孔子以為所有的改革，及以正道去教導人民，皆必須先以正名的認同，正名之目的在於建立一種是非的客觀標準。而孔子在正名方面努力的結果，也成中國古代邏輯的發展。如孟子有「義利」、「人禽」、「王霸」之辯，亦是承繼孔子思想，一方面列禮為四德之一，並以心性關係推論了禮的先天價值，也闡釋了禮的根源意義，禮是實踐者表現的形式，義即是行為的內涵，兩者結合，禮的實踐不只是文節外飾，同時也是內在道德之仁。然而如此一來，走向仁義道統的建構，卻漸偏離了孔子的禮治的思想。

荀子在變化多端的大環境，以社會變化發展之視角認識事物的思維方式，從動態發展的眼光來看問題。是對立統一規律、質量互變規律是他辯證思想的基本規律。他持有的「審慎」、「思慮」、「冷智」的基本態度，依據這種態度來進行「判斷」、「評鑑」，以避免在思考「問題」時被權威的、制式的或私利的想法所制約，或陷入邏輯不通時的謬誤，以符合荀子所謂的「公正」。關於名的起源和功用，荀子說：「制名以指實，上以明貴賤，下以辨同異。」（〈正名〉）就是說，名的起因部分地是倫理的，部分地是邏輯的。

一、名實不分的違害

荀子認為必須以「禮義」來取代血統，作為衡量社會地位的唯一判準，他成功地融合了「禮」的道德特性及社會政治功能，為中國未來王朝的社會結構展現了一個遠大的藍圖。荀子名實觀乃是為了社會秩序的制定，只有名實相稱，才能有社會運作的標準，人才可以按照這準則來生活，所以禮樂文化以名實觀為綱紀原則。如果不依此綱紀，上下相亂、人倫失序。造成三惑之說：「用名以亂名」、「用實以亂名」和「用名以亂實」，荀子要立三標以破三惑，使名的作用用於政事可辨邪正、正名實，故在確立原則之後，可以禁立言之惑，「此處所說的名，實際是判斷（標準）」〔註15〕，三種惑端分述如下：

〔註15〕李滌生：《荀子集釋》（台北：臺灣學生書局，2000 年 3 月），頁 506。

（一）用名以亂名。利用名稱來作不正當的事，甚至將他合理化，所看到的就是這個現象。荀子名此種怪說奇辭為惑於用名以亂名。如云：

> 「見侮不辱」，「聖人不愛己」，「殺盜非殺人也」，此惑於用名以亂名者也。驗之所為有名，而觀其孰行，則能禁之矣。（〈正名〉，頁904）〔註16〕

主要就是「殺盜非殺人」等例子，楊注說：「言此三者，徒取其名，不究其實，是惑於用名以亂正名也。」此三句中當只有「殺盜非殺人」一句類乎用名以亂名。

「見侮不辱」及下文「情欲寡」，皆宋鈃之說。荀子〈正論〉、〈天論〉、〈非十二子〉諸篇，等皆有所批判，可見是思想問題，非在名理的探論。「聖人不愛己」亦是一見，看如何解耳。凡此，自可遵守名理以辨之，然非關用名以亂名也。「殺盜非殺人」，則類乎「用名以亂名」之詭辯。夫名者，本在期實喻志，今若如「殺盜非殺人」一句之義，則將任何命題不能說也，任何名不能用也，任何概念不能有肯定之連結也。凡事皆可散之而予以專名。若只有專名，則個個相非，任何話不能說。名不能用，實不能期，志不能喻，等於名之否定。此即所謂「用名以亂名」也。

荀子所謂奇辭怪說，大抵指此類而言之。此種詭辯家，或用名以亂名，或用名以亂實，非可語於名理之學也。荀子對詭辯論者並不代表思想的挑戰。荀子之所以提出這些詭辯，只不過是在說明詭辯足以威脅制名之約定系統。統治者並不需要去研究或解決這些詭辯，而只要壓制他們即可。

（二）用實以亂名。荀子認為，人的五官常有誤謬，而不加詳察，因而會有「用實以亂名」的現象。如云：

> 「山淵平」，「情欲寡」，「芻豢不加甘，大鐘不加樂」，此惑於用實，以亂名者也。驗之所緣以同異，而觀其孰調，則能禁之矣。（〈正名〉，頁904）

感官上的知覺，使得名稱上混亂的情況，如「山淵平」即惠施的說法；「情欲寡」是宋子說；「芻豢不加甘，大鐘不加樂」為墨子之說〔註17〕。楊注：「古

〔註16〕王天海引孫詒讓曰：「此謂聖人愛己不加於人，是為不愛己也。」《荀子校釋》下冊（上海：上海古籍出版社，2009年），頁905。

〔註17〕孫詒讓注說：「故曰牛馬、非牛也未可，牛馬牛也，未可。則或可、或不可，而曰牛馬牛也，未可，亦不可，且牛不二，馬不二，而牛馬二。」所指以偏蓋全的說法，正是荀子所不能認同。《荀子校釋》下冊（上海：上海古籍出

人以山為高，以泉為下。原其實亦無定。但在當時所命耳。後世遂從而不改。亂名之人，既以高下是故之一言，未必物之實也，則我以山泉為平，奚為不可哉？古人言情欲多，我以為寡，芻豢甘，大鐘樂，我盡以為不然，亦可也。此惑於用實本無定，以亂古人之舊名也。」〔註18〕這些都是用個案去涵蓋普遍的事實，從內容與外延都是無法自清說明，故為荀子所批評。

　　用實以亂名，在現象方面，凡所用名言以及名言所指之事實，皆係相對者：從名言方面說，其相對為約定俗成；從所指之事實方面說，其相對為相依相待而然，本無絕對之是，知乎此，則根乎玄覽而泯其相對之別無不可，一切顛倒之亦無不可也。將吾人日常生活，或現像方面，或理解活動中所使用以及所成者，皆予泯除或顛倒之，此無異於破壞之，故類乎用實以亂名也。以名學立場而謂之為用實以亂名，與彼用名以亂名及用名以亂實者，都是同樣一個層次。荀子於此屬於名理之詭辯者與屬於學說者分別開，故純以亂名實而斥之，其主要所斥者，固在治怪說玩奇辭之名家。

　　（三）用名以亂實。荀子視為一否定命題而為怪說琦辭，則即為用名以亂實，究探之，公孫龍的邏輯心靈也是不夠健全而成其大。故云：

　　　　「非而謁楹」，「有牛馬非馬也」此惑於用名以亂實者也。驗之名約，

　　　　以其所受，悖其所辭，則能禁之矣。（〈正名〉，頁 904）

此為「白馬非馬」等例子，因為名稱上的辨辯，混亂了實際上的情況。這公孫龍的說法。白馬為個體，馬為類名。公孫龍說法顯然含有個體名與類名之別，也顯然包括有白馬黑馬都是馬也，區別白馬名與馬名不同可，而藉以謂白馬非馬則不可。

　　作為當時儒家之主要代表，荀子必須與這些論辯對抗。荀子並不滿足於只是處理這些問題，而是，試圖研究語言的本質，並且建立語言之正確使用的規則。首先提出的問題是「所為有名」，名是為了滿足談論事物和事件之方便的需求而來，同時，名亦是人們所發明來提供這種需求。荀子指出制名之目的在於辨同異和明貴賤。如此一來，名不正的後果會造成，貴賤問題、同異問題，甚至會造成社會混亂，使得民無所從。荀子認為制名之基本要求是約定的一致性。因此，簡易，實用和約定之使用即制名之基本要求。

　　荀子名實觀乃為了禮的推動之理，為了儒家而有正名的必要。只要正名，

就可以明貴賤，辨異同，然後國家人民乃為一體。對國君來說，只要正名，有他一定的規則，因此可以率名而一，國家富興對百姓來說，能夠正利、正義而行，能夠對彼此間的交流更加普及順暢。故荀子的正名，除了帶有為政治辨名的色彩，另外也造成了邏輯思辨上的大革新，這在先秦思想上是一個很大的突破，造成了後人邏輯學上的思考，故荀子可以稱得上儒家邏輯學的代表，但與今日所謂邏輯學不同。

荀子採用一種規範的、社會的正名學說，依此名並非不變的。而名之改變之標準是歷史傳統，且唯有此一傳統是正確之標準。此即遵守已然存在之約定俗成之標準，此標準就是大傳統當前的儒者所重。故荀子十分重視正名，除了人倫的意義上，故魏元珪說：「亦在辨正名實間的契合關係，使不同事物的概念得以澄清，藉為思辨上依據。」〔註19〕除了思辨的依據外，更可以定位出現實的依據，只有名實相符才是禮理的秩序。

探究荀子之正名觀，乃以「正名」是為了持續儒家的禮義法度，繼續孔子所持續從事之過程，故是為「正名以興禮」。故正名並非一種解釋在語言中已有什麼之過程，也不是一種獨立於人們心靈活動之外有何存在的過程。荀子主張之名是約定俗成，及王者的制定，區分一名所指涉之對象並無內在之適當性，然而區分一對象之範圍卻是由命名而來，只有聖人有權界定名之範圍。荀子並不是在知識論的意義上使名歸於正的工作，而是為了社會和倫理的目的使名具有效力。當天下亂，奸言起，邪說僻辭，流湎無窮。或用名以亂名，或用實以亂名，或用名以亂實。名實亂，一切皆乖，三亂惑天下，故須辯說也。所以正名之後，他也要展開「必辯」的過程。

二、名的概類

荀子名之涵義實兼指概念和語詞而言，就作為語詞之名而言，制名之初，雖須由約定俗成之原則所決定。然而語詞之約定原則亦有其適用範圍之限制，並非所有語詞皆由此原則所決定，而是僅有其中之原始語詞適用之，至於作為概念之名稱與約定原則無關。更何況荀子名學之名，仍以指稱「概念」為主，此由荀子對名所下之定義為「名也者，所以期累實也。」（〈正名〉）可知。荀子之名學並非不是一種約定主義，他指出辨別能力或理性是人之種差或本質，且由無生物、植物、動物之層層區別中，來顯示出人之所以為人之本質，

〔註19〕魏元珪：《荀子哲學思想》（台北：花木蘭出版社，2009年9月），頁22。

人必須生活在道的規範之中，而道就是說之以禮，稱名以而說禮，故可以說其名學，就是「禮」的推動之理。

　　荀子使用各種不同的關於語言的原則來分析先秦諸子之令人困惑之命題，他更確立語言之正確使用來表達觀念。依荀子的內文，可以將「名」範疇分為四類，從這段論述〔註20〕：

　　（一）荀子「名」的第一組範疇：大共名、大別名。如云：

　　　　故萬物雖眾，有時而欲遍舉之，故謂之物；物也者，大共名也，推
　　　　而共之，共則有共，至於無共，然後止。有時而欲遍舉之，故謂之
　　　　鳥獸。鳥獸也者，大別名也。推而別之，別則有別，至於無別，然
　　　　後止。（〈正名〉，頁981）

　　1. 大共名。即所有事物共有的名稱，也就是邏輯學上「最高的屬概念」，或者說，是當今哲學上所謂的「範疇」。而得出大共名的途徑就是對事物的類別做概括：「推而共之，共則有共，至於無共然後止。」乃概念概括的極限，荀子所舉的大共名的例子是「物」，此舉例學者都可以認同。

　　2. 大別名。荀子所舉的例子是「鳥」、「獸」〔註21〕，此例則不甚清楚，因為鳥獸是共名，並不是外延最小的概念。由於荀子緊接著說：「推而別之，別則有別，至於無別然後止。」乃知是外延最小的別名或個體概念，則為「大別名」，「推而別之，別則有別」概念不斷加以限定，則其內涵精確，而外延則變小，直到無法加以限定，此時即達到概念限定的極限，此極限即個體概念，故名之為「大別名」，也就是專名或個體名稱，例如堯、禹和孔子。是則可知，「大別名」的語意，應該最大化的個別之名稱，如動物可限定為鳥，再限定的鴿子，再限為白鴿、灰鴿，再限定為我家的白鴿⋯⋯等，限定到無可限定，則可謂為「大別名」，故與大共名是最大，而大別名則是最小，故是相對的概念。〔註22〕

　　又有「處於大共名與無別的別名之間的名」。在大共名、大別名之下又有

〔註20〕參考李哲賢：《荀子之名學析論》（台北：文津出版社，2005年10月），頁118
　　　　～128。

〔註21〕李哲賢認為：以鳥獸表大別名，則或是荀子有所疏忽或例舉失當⋯⋯又有馮
　　　　耀明、蔡仁厚、陳大齊分別以「大約可別之名」、「別名中位序最高之名」、「中
　　　　間概念」來理解「大別名」之義，似乎皆不夠切當，不足以精確把握「大別
　　　　名」之涵義。參見，李哲賢：《荀子之名學析論》（台北：文津出版社，2005
　　　　年10月），頁126。

〔註22〕參考李哲賢：《荀子之名學析論》（台北：文津出版社，2005年10月），頁126
　　　　～127。

「共名」、「別名」,「兩者依上下位序之不同而互為遞換而易其名稱。」〔註23〕故此狀況下之名,實際上有兩種關係:一是它與處於它上面的共名的關係,相對它上面的共名,它是為「別名」;不過,相對處在它下面的別名,它卻是「共名」。所以,相對於不同的關係而言,它們一身而二任,既是「共名」又是「別名」,而共名、別名之下又有「小共名」、「小別名」。如下說明:

　　物─生物(及無生物)─動物(及植物)─獸(或鳥)─馬(或牛)─白馬(或黃馬)─彼白馬(或此白馬)。除最高層之「物」永為「大共名」,最低層之個體(彼白馬或此白馬)永為「大別名」,中間各層則皆兼具「共名」與「別名」、「小共名」與「小別名」等雙重性質。〔註24〕以上,荀子實際上揭示了名稱及其所指稱的事物之間的包含和被包含關係,也就是邏輯學和生物學中的屬種關係。

　　名之概類的是屬於相對的分舉,是依外延原則來加以畫分,「推而共之,共則有共」與「推而別之,別則有別」亦屬相對而言,即謂概念概括的極限亦即大共名;「推而別之,別則有別」亦屬相對而言。又「至於無共然後止」、「至於無別然後止」也是對應的。荀子已能提出概念的分類及概念的推演,他於「名」的理解與掌握,實在是精到而深刻。如附圖二:

附圖二:荀子「名」的範疇圖例

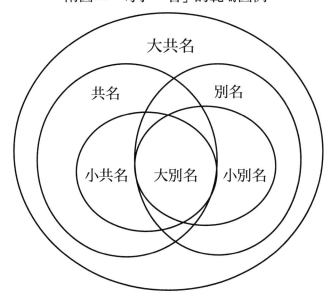

〔註23〕參考蔡仁厚:《孔孟荀哲學》(台北:臺灣學生書局,1999年9月),頁440。
〔註24〕蔡仁厚:《孔孟荀哲學》(台北:臺灣學生書局,1999年9月),頁441。

（二）荀子「名」的第二組範疇：「刑名」、「爵名」、「文名」、「散名」。

荀子〈正名〉一開始就說明，有「刑名」、「爵名」、「文名」等名，已經被先王所確定了，只要遵從即可；到了後王時，世人者遵循後王所製定的制度，以為名成的標準，至於名的類別，如云：

> 後王之成名：刑名從商，爵名從周，文名從禮。散名之加於萬物者，
> 則從諸夏之成俗曲期。遠方異俗之鄉，則因之而為通。（〈正名〉，頁
> 882）

刑名從商，楊倞注云：「商之刑法未聞。《康誥》曰：殷罰有倫。是亦言殷刑之允當也。」爵名從周，「謂五等諸侯，及三百六十官也。」文名從者，「謂節文威儀，《禮》即周之《儀禮》。牟宗三云：「從商從周從禮者，即一切典章制度之名，足以綱維人群而為言行之模型者，皆為歷史文化之累積而演成，亦即皆在實踐中而成定型也。」〔註25〕所以從商、從周、從禮，都是歷史文化之事實，既經過實踐而形成，自然也是為此事實所限，而不能無邊漫蕩，故所名都有其實效性，即典章制度的名，也必須不離於倫常的實踐，且有其時效性。如蔡仁厚說：「因為名須隨時，可往者循之，當作者作之。」〔註26〕故後王的制名有前例則依前，無例者考察現象以時事定之，而後王唯一需要確立「正名」的領域則是「散名」，如云：

> 散名之在人者：生之所以然者謂之性；性之和所生，精合感應，不
> 事而自然謂之性。性之好、惡、喜、怒、哀、樂謂之情。情然而心
> 為之擇謂之慮。心慮而能為之動謂之偽；慮積焉，能習焉，而後成
> 謂之偽。正利而為謂之事。正義而為謂之行。所以知之在人者謂之
> 知；知有所合謂之智。所以能之在人者謂之能；能有所合謂之能。
> 性傷謂之病。節遇謂之命：是散名之在人者也，是後王之成名也。
> （〈正名〉，頁882）

將周代所制定的名分為刑名、爵名、文名和散名，前三者都是在歷史文化的推演中所形成的典章制度，是政府專用的名。而散名則是社會通的雜名，可以理解「散名」是加諸於萬物和各種人事之上的「名」，其中又分為二類：

1. 散名之加於萬物者。萬物之名，如日明星辰，山川湖海，花草樹木、蟲魚鳥獸……等等這些名，「從諸夏之成俗曲期」。萬物之「名」雖因地域之

〔註25〕牟宗三：《名家與荀子》（台北：臺灣學生書局，2006年9月），頁254。
〔註26〕參考蔡仁厚：《孔孟荀哲學》（台北：臺灣學生書局，1999年9月），頁431。

不同而有異，但祇要尊重「成俗曲期」，即當時所給予的各式各樣的約定。荀子時，諸夏地區早已為文明之邦，萬物之名不但由於約定俗成而普遍使用，而且雅俗共賞，使用上已經很便利，當遠方異地的人，要使用此名，成可以沿取於諸夏之名，凡通用之名，可讓彼此更容易溝通，也沒有太大問題，關鍵在於人事之名。

　　2. 散名之在人身者。如「性」、「情」、「慮」、「偽」、「事」、「行」、「知」、「智」、「能」、「病」、「命」，這些名稱均與知識和語言的發生機制相關。從「生之所以然」為「性」，也就是從「生之自然」說性。自然生命所生發的自然現象，通過精感官精與與外物接觸而引起的種種反應，都是不待人事而自然而然。從「性之好惡喜怒」謂之「情」，人之性感於物而有所好惡的反應，這便是情。「情然而心為之擇」謂之「慮」，性所發出來的情，心為選擇可否，就是慮。「心慮而能為之動謂之偽；慮積焉，能習焉」謂之「偽」，心慮所擇定之後，由能發動一層行為就是「偽」，即偽的作用，輕多次的選擇思慮與學習實行而養成的善行，是第二層的「偽」，即偽的結果。「正利而為謂之事」，以利為目標的行為，叫做「事」。「正義而為，謂之行」，以義為目的行為，叫做「行」。「所以知之在人者，謂之知」，指在於人心的認知能力，是知的作用，屬於能的「知」。「智有所合，謂之智」，知的作用與外物相接觸，而獲得清淅的認識，這就是知識，也叫做「智」。「所以能之在人者謂之能；能有所合謂之能。」人的本有的感官作用就是第一層的能」；本能應用於事而有所明確，使之成任事處事，是第二層的「能」，即是才能。「性傷謂之病」當本性有所傷害，即生理有所不便，叫做「病」。「節遇謂之命」剛好遇到的事，這叫做「命」。以上，都是屬於人的散名，一名一定義，以指示事實的現象。

　　（三）荀子「名」的第三組範疇：「宜名」和「實名」。

　　依約定俗成的標準而有「宜名」和「實名」。名稱與事物之間沒有內在的、固有的聯繫，用什麼樣的名稱指稱什麼樣的對象，完全是由語言共同體約定的產物；離開了社會共同體就沒有這種指稱關係，更談不上它們是否恰當和合宜。故云：

> 名無固宜，約之以命，約定俗成謂之宜，異於約則謂之不宜。名無
> 固實，約之以命實，約定俗成，謂之實名。名有固善，徑易而不拂，
> 謂之善名。（〈正名〉，頁891）

一旦某個語言共同體為某個對象選定的「標籤」，後者就開始保持確定，不能

輕易地被改變，故「約定俗成」，即名稱是大家所共同制定的，因此必須注意到其共同性和普遍性。〔註27〕

　　一個社會不僅約定了名稱和對象之間的對價關係，更重要的是約定了名稱的社會性內涵，即如何去理解、確定「名」、「實」之間的「對價」標準。荀子則認為作為詞語之名本來就沒有合宜與否的問題，它的形成都是受到社會上既定的習俗所定，所以合於約定的就是「宜名」，反之則不宜之名。又既合於約定俗成所產生的名，也可以說是一種「實名」。

　　例如孔子曾提出：「君君、臣臣、父父、子子」（〈顏淵〉），君君者，就是要讓現實的君王成為一位真正的君王，或者要像對待一位真正的君王那樣去對待一位現實的君王。而真正的君王，是由相應的社會政治制度設計和倫理規範體系所規定的，或者是由先前人們心目中理想的君王（「典範」）所體現的。先前的這些規定和「典範」就構成了「君王」這個名稱所承載的社會文化內涵。儒家的理論體系中，與「君」、「臣」、「父」、「子」這樣的名稱相應的，是一整套社會政治制度設計，以及君、臣、父、子這些社會角色在這種制度設計中的位置、權利、義務和行為規範，這都是約定俗成的名。

　　（四）荀子「名」的第四組範疇：「單名」與「兼名」。

　　依語詞的構成形式可分為單名與兼名，如云：

> 然後隨而命之，同則同之，異則異之；單足以喻則單，單不足以喻則兼；單與兼無所相避則共；雖共，不為害矣。知異實者之異名也，故使異實者莫不異名也，不可亂也，猶使同實者莫不同名也。（〈正名〉，頁891）

單謂單名也，如馬、白等。兼謂復名也，如黃馬、白石等。單與兼無所相避，言無所不相容也。單兼不亂，而相容不悖，則共亦不為害。如馬一方為單名，一方亦可為共名。白馬雖為復名，亦可為共。單兼皆具體的指謂名也。共則抽象的普遍名也。荀子認為名具有固定而確定的意義，但只是由約定俗成而來，並無法賦予一種絕對而固定之標準，因為個人可以決定不去贊同約定俗成之原則，因此，荀子決定藉由王者的權力來賦予名之絕對之性格。

〔註27〕龍宇純之說，可為另一種參考。其認為：「名無固宜與名有固善，二者不相同之兩命題。蓋前者說明名稱與事物之間，完全出於隨意之約定；後者則依循聲訓之觀點，以為部分名稱亦有道理可說。」參見氏著：《荀子論集》（台北：臺灣學生書局，1987年4月），頁123。

　　以上可知荀子之稱「名」乃是個體的指稱，個體都有其名，而且相互不能混說，歸約個體之名而有類名，當個體之事物概念顯用於言語時，即成為名辭，是名乃是成俗曲期。魏元珪說：「由名之約定俗成而進為辭之組合，乃是進步的思想。」〔註28〕是基於前人發展的基礎，而要進一深入的詮釋方式，其論述目的是以倫理的訴求為依歸，主張會作若干之推論，此種推論僅是邏輯法則之應用，然此法則本質上是倫理的，而不是思辯的。可知荀子〈正名〉具有明顯的倫理取向，主要在於關心禮的秩序之恢復，故其在解說與辯護其價值主張時，所提出之論辯可被視為是倫理的；進而當在論述其主張時，會有若干之推理作用，此推理也是為了禮的推展。

三、制名之原則

　　荀子對於先秦諸子思想之批評仍然持續且非常嚴厲，而作為孔子的真正傳人，荀子將「正名」視為他基本的邏輯原則，荀子相信公私生活中之所有罪惡和困境都是來自於名之不正，因而沒有是非之真正標準。因此荀子立名的三種標準與破名的困惑。荀子提出制名三種原則，分別就目的、依據與原則而立，所為有名、所緣以同異、制名之樞要：

　　（一）所為有名。荀子指出制名之目的，首先在於明貴賤，而後才是辨同異，知此二者，然而可以指實。故聖王要制名，正名即事無困廢，故正名是有必要性的。如云：

> 異形離心交喻，異物名實玄紐，貴賤不明，同異不別；如是，則志
> 必有不喻之患，而事必有困廢之禍。故知者為之分別制名以指實，
> 上以明貴賤，下以辨同異。貴賤明，同異別，如是則志無不喻之患，
> 事無困廢之禍，此所為有名也。（〈正名〉，頁890～891）

荀子認為社會上的名物有其一定的名稱，就有她一定的關係，因此必須認清之間的關係，也就是制名和社會的關聯，若不制名以指實，則名實之間必會相互混淆，則貴賤異別八明，人的思想無法會意，行事也必然有礙，異形分離人心而喻解錯雜，互相出入，如作後解，則為異形麗於心而喻解錯雜，互相出入。因個體上的不同，以其心而有各種錯綜複雜的現象，造成不同樣的東西，名實難以稱述瞭解，故聖王制名以避此為害。

　　荀子提到了名稱的認知功能，要「制名指實」，然後才能明白貴賤之差

〔註28〕魏元珪：《荀子哲學思想》（台北：花木蘭出版社，2009年9月），頁23。

等及同異上的辨認，然人的情實才不會有所困惑，這是制名和正名的一個非常重要的理由。陳大齊認為：「指實之中，分析說來，上一層是明貴賤，下一層是辨同異。指實即是明貴賤辨同異，明貴賤辨同異即是指實，不過指實是總說，明貴賤辨同異是分說。」〔註29〕這裡指出指實與貴賤同異二者的關係，總說分說實為一說，荀子更關心的是名稱的社會政治功能和道德教化功能，如云：

> 故王者之制名，名定而實辨，道行而志通，則慎率民而一焉。故析辭擅作名，以亂正名，使民疑惑，人多辨訟，則謂之大奸。其罪猶為符節度量之罪也。故其民莫敢托為奇辭以亂正名，故其民慤。慤則易使，易使則公。其民莫敢托為奇辭以亂正名，故壹於道法，而謹於循令矣。如是，則其跡長矣。跡長功成，治之極也。是謹於守名約之功也。(〈正名〉，頁 882～883)

在荀子名稱問題並不只是一個有關語言和思維的問題，更重要的是一個社會政治問題，是一個關涉是非對錯、關涉社會治安、倫常秩序的問題，是否守規矩、堅持標準的問題。如果不守規矩，不講是非，不循標準，造成名實混亂，則會導致整個社會的脫軌和失序。於是，君王要整頓社會秩序，強化社會管理，常常就要從使其名稱正確，做到名實相符。故馮耀明說：「對荀子來說，名與實然之實相應，只是立名、制名之必要條件；名與應然之實（即理分）相應，才是正名的充分條件，言由名致，所以正言之標準除了一方面要視乎言之意，是否合乎禮義之標準外，另一方面也要言中之名為正名，即其中之名須與某種應然之實相應。」〔註30〕實然與應然，說明了「明貴賤」與「辨同異」二者的不同，可謂確論。楊秀宮認為：「上下，不同解作貴賤之分。……下以別同異是第一序之任務，上以名貴賤是依第一序任務而進行的第二序任務，故別同異乃明貴賤的基礎。」〔註31〕正名的社會政治功能不僅有利於君王或統治者，如維持其統治秩序，便於他長久統治；更重要的是易於社會管理，使整個社會上下有別、等分明、分工明確、井然有序。君王的長久統治只有通過有序的社會管理才能實現。

〔註29〕陳大齊：《荀子學說》（台北：中國文化大學出版社，1989 年 5 月），頁 121。

〔註30〕馮耀明：〈荀子的正名思想〉，《哲學與文化》第 16 卷，第 4 期（1989 年，4月），頁 34。

〔註31〕楊秀宮：〈孔子與荀子「正名論」之比較〉，《東海學報》第 40 卷，第 1 期（1999年 7 月），頁 252。

一個管理有序的社會也會造福於該統治者所治下的人民。相反，一個管理失去控制的社會，則會紛爭不斷，戰亂頻仍，災禍連連，由此受害最早且最深的也是普通百姓，可知壞的秩序比完全沒有秩序要好。中國古代民間社會常常充滿了對「聖主」、「明君」的期盼與歌頌，以及對「昏君」、「暴君」的詛咒和鞭撻，就是這個道理，荀子對「正名」的如此看法，可謂源遠流長，歸屬於儒家的一個根深蒂固的傳統，正是一種存在價值與生活的標準。

從孔子「正名」觀，得知其思維實際上就是要正其政，為政之道首推正名，故曰：「必也正名乎」名稱特別是社會定位的名稱，實際上規定了與此名稱相應的社會地位、權利、義務與規範。蔡仁厚所說：「既通於知識以辨同異，且重倫理政治以明貴賤，兼具知識與價值兩方面；就文化心靈而言，荀子實較西方邏輯學者為弘深。」〔註32〕荀子是站在禮治的訴求，認為「正名」就是要讓各種社會角色各歸其位，各行其是，各得其所，建立一個等級分明、眾生和諧的社會。所以，如前所述，名稱具有豐富的社會、政治和文化內涵，並不是沒有任何含義的純粹指示詞，荀子還討論了名稱在辯別體系中的地位和作用，這可以算作是對「所為有名」的進一步說明。

（二）所緣以同異。荀子認為名之同異的基礎在於感官。根據感官，感官認為事物屬於同一類的，就是同類，荀子並不認為名與實之關係是固定不變的，人用五官去判斷事物，也就是感知判斷能力是制名的基礎。如云：

> 然則何緣而以同異？曰：緣天官。凡同類同情者，其天官之意物也同。故比方之疑似而通，是所以共其約名以相期也。形體色理以目異；聲音清濁、調竽、奇聲以耳異；甘苦鹹淡辛酸奇味以口異；香臭芬鬱腥臊洒酸奇臭以鼻異；疾癢凔熱滑鈹輕重以形體異；說故喜怒哀樂愛惡欲以心異。心有徵知。徵知則緣耳而知聲可也，緣目而知形可也，然而徵知必將待天官之當簿其類，然後可也。五官簿之而不知，心徵知而無說，則人莫不然謂之不知。此所緣而以同異也。

（〈正名〉，頁 891）

天官各依其類而當簿之，同異見焉。當簿其類之天官含耳目鼻舌身之五官及心官兩類而言之。人的五官為外部感覺，心官為內部感覺。外感給人以外部現像，內感則給人以心理現像。各有所「給予」，即荀子所謂當簿其類也。然而心官不只作當簿其類之一官看，且作為「徵知」看。心之徵知則心之智用

〔註32〕蔡仁厚：《孔孟荀哲學》（台北：臺灣學生書局，1999 年 9 月），頁 436。

也，所謂知性也。此與給予以悅故喜怒哀樂愛惡欲之心官異。心之智用之徵知運用於天官之當簿其類之所與而有同異，而有類名，而類族辨物。故人必須憑著感官來認識外在事物，並分辨其異同，人有同樣的感官，所以有同樣的感覺，以此類擬而推，就可以相約而制名。

這種對於「實」的了解可由荀子對於「實」和「物」之區分中明顯看出。依荀子而言，「物」是以概括之方式來指稱事物之對象，而「實」則是用來指稱特殊之個別對象。事實上，「物」在〈正名〉篇中有其特別作用，即名代表事物同異之標準。至於同名異名之所由起，荀子以為同異之語言學基礎並不在於其外在之性質，而在於它結合我們作為一個類的性質，即荀子所謂同類同情之意。蓋凡為同類，如人類，感官情形相同的，其感官接受外在事物的刺激，所攝取的物象是相同的。易言之，感官賦予吾人對於事物同異之基礎。李哲賢認為：「荀子係以外在事物之同異為名或概念之同異的客觀為依據。」〔註33〕荀子就是以這樣的標準，做為可以制名的根據。

（三）制名之樞要。制名的樞要是荀子制原理論的原則，荀子首要提出「同實同名、異實異名」（〈正名〉）的原則。以名是來指稱實，名就是一種客觀的表達，名的作用由實來決定，故制名依實為準，如此才能名實相符。如事物相同者，即實同，故名也是同；事物相異者，即實異，故其名也是異。如此名的同異就不會混亂，才能達到名定而實辨的認知。

又提出「名有固善，徑易而不拂，謂之善名」（〈正名〉）制名的原則，並沒有合宜或不合宜的問題，名與實也沒有固定不變的關係，然名確有善或不善的問題。名善者使人易通了解，人方便而接受，使名能普遍流行，也產生了容易溝通，達到思想交流。

又有「稽實定數」之說。即考察事物之實以為制名，並確立其數量。如云：「物有同狀而異所者，有異狀而同所者，可別也。狀同而為異所者，雖可合，謂之二實。狀變而實無別而為異者，謂之化。有化而無別，謂之一實，此事之所以稽實定數也。」（〈正名〉）事物萬象，便為繁雜，必須對事物的形狀、數量、地點等加以考察，然後確立名的同異。然後定數乃是以所在地之同異為考量，同就是一實，異就是二實，至於形狀與變化則不受影響。此即從「所」指空間，「化」指時間，「狀」指事物狀態等，以此三方面去分析事物，然而可以達到「稽實定數」矣。

〔註33〕李哲賢：《荀子之名學析論》（台北：文津出版社，2005 年 10 月），頁 94。

　　王者制名乃言制名乃君主之特權。並非意謂著君主之制名乃是任意的。君主有其社會目的，而名之區分也是應其所達成社會之目的。故云：

> 物有同狀而異所者，有異狀而同所者，可別也。狀同而為異所者，雖可合，謂之二實。狀變而實無別而為異者，謂之化。有化而無別，謂之一實。此事之所以稽實定數也。此制名之樞要也。後王之成名，不可不察也。（〈正名〉，頁891～892）

荀子認為統治者有一主要政治功能，即任命足以治理國家政治事務之官吏。當統治者要決定制名之約定原則時，他會尋求最有能力之官吏，亦即知者之建議。雖然，制名之職責在於統治者，然而，實際上積極影響正名的卻是其身邊之知者。依此，對於制名乃聖王之特權以及制名之過程是居於統治階級之利益此一看法，正名的過程係統治者、有才德之菁英和人民之間的一種複雜的磋商。

　　荀子反覆強調指出，王者享有特殊的制名權，並且，這種制名權能否有效行使，與整個社會能否有序運行之間，存在著因果關係。故唯有王者起而制名，名定而實辨，始能建立是非之正確標準。可見，荀子的名學立論是以倫理政治之要求為正名之目的；名的主要關切是實用主義的，而非語意的認知。在荀子看來，制名和正名之所以必要，就在於它具有重要的社會政治功能：有助於君王治國，即所謂的「明貴賤」以區分尊卑高下。而明貴賤至少有兩個好處：易於社會管理；維持統治秩序，達到長治久安。故對事物命名主要是一種隨意而約定的性質，將實在劃分成被命名之對象的方式是統治者的特權。

四、名實觀對整體社會的意義

　　荀子的名實關係，對名理論乃孔子正名思想之進一步發展，荀子認為的「實」是意指特殊之事物，是聖王已創造出一個足以確保社會和諧和政治秩序的名之系統。王者命名的主權乃是絕對必要的，其說理的認知是與孔子相當，就是在於努力去影響語言的活動，以確立政治的安定。如牟宗三說：「故彼能盛言禮。彼謂『禮者法之大分，類之綱紀也。』又曰：『禮者治辨之極也。』故又常言統類，言禮憲。是則每一名（可指典章制度之名言），每一禮，皆是一典憲也。彼由此雖未走上柏拉圖之言理型，然其路數則近之矣。蓋皆重『客

體之有』而彰著『理智的認識之心』者也」。〔註34〕荀子志在於人和名的關係，即什麼樣的人處在怎麼樣的狀態之下，會導出怎麼樣的名來。

對於這套名實之論，看上去像是在研究認知的原理，但荀子要求認知的原理，首先符合禮制的教化作用。制名以指實，名一經過制定，即可以循其名而辨其實，故上下意志就可以互相溝通，有司也應謹慎引導人民一律遵守，不可隨意變換。否則隨意擅作新名，就以擾亂名實的關係，使人民生活上產生困惑，並因此爭辯不休，這是大姦的行為，這樣的罪名與違造王令一樣，這就是「謹守名約」的功效。

荀子認為名的制定並非一成不變，禮文可因時因地略做調整，然而禮文的更動不是隨時隨地，任憑人利需求而改變的，是需要參考前人制定的軌跡，觀察百姓的需要，以符合社會現況，荀子說：「聖人者，以己度者也。故以人度人，以情度情，以類度類，以說度功，以道觀盡，古今一度也。」（〈非相〉）遠古的法度早已經絕滅，今人雖想要向古人取法，也無法可取，當法不足為信時，也就無可用之法，當先王名法不足以為信而無所可取之時，就有賴於後王的制定，是以荀子提倡後王制名的緣故即在此。又曰：「今聖王沒，名守慢，奇辭起，名實亂，是非之形不明，則雖守法之吏，誦數之儒，亦皆亂也。若有王者起，必將有循於舊名，有作於新名。然則所為有名，與所緣以同異，與制名之樞要，不可不察也。」（〈正名〉）但聖王既沒，名約的遵守已日漸輕慢，是非標準日漸不明，即使守法的官吏來執從，也只知道法數，而不懂法義，儒生之徒，也只會通說文句，而不通曉義理，這種名實相亂，是非不明的情勢，就是荀子必要以新王來正名，故云：

> 文久而息，節族久而絕。守法數之有司極禮而褫。故曰：欲觀聖王之跡，則於其粲然者矣，後王是也。彼後王者，天下之君也；舍後王而道上古，譬之是猶舍己之君，而事人之君也。故曰：欲觀千歲，則數今日；欲知億萬，則審一二；欲知上世，則審周道；欲知周道，則審其人所貴君子。故曰：以近知遠，以一知萬，以微知明，此之謂也。（〈非相〉，頁175）

後王禮制之名，並非一人一時一地就能制定完備，流傳於今世的先王善政皆是歷代聖王運用智慧，逐漸改進舊有法度，經過歲月累積而成的，所以後代的法度中，必定藏有前代法度的痕跡，後代法度的建立，故後王必以正名也。

〔註34〕牟宗三：《名家與荀子》（台北：臺灣學生書局，2006年9月），頁255。

　　但是另有「約定俗成」原則，可以享有如王者一般的制名權。這兩個方面之間不衝突，這是因為根據荀子的論述，王者的制名權是受到許多限制的，例如，他在制定名稱時，必須考慮到先前王朝的遺產，必須考慮一般民眾的既成習俗，還要考慮到制名的目的、依據、原則、方法等等，還要受到制名效果的檢驗如此等等。並且，如果他製作出來的名稱不合適，社會賢達、下層胥吏、士人君子等，還可以推動他們的「進諫」的方式；或一般民眾也可以不接受王者的命名，使其不成為習慣，不獲得流行而被拋棄或遺忘。故云：

> 夫民易一以道，而不可與共故。故明君臨之以勢，道之以道，申之以命，章之以論，禁之以刑，故其民之化道也如神。（〈正名〉，頁 904）

民間社會出於其生活和實踐的需要，已經使用一些名稱去表示一定的事物，並且獲得一定程度的流行，此以也要力求君王能夠理解。

　　當新王依照制名的目的、根據、原則、方法去製作名稱，「有循於舊名，有作於新名」，並且憑藉王權的力量強制性地予以推行，如果這些名稱製作合適，社會效果良好，而被社會普遍接受，成為人們的習慣和傳統，名實關係就得以最終確立；如果製作不合適，社會效果不好，則聖人和君子可以進諫，民間社會也可以消極抗衡，成為一種制約的秩序。李哲賢說：「荀子主張名由王者所制定，而民間則嚴格遵守，如此，則人皆不敢擅作亂名，而是非善惡之標準可確立，人民之言行亦有所依循，如此，則社會不致混亂，所謂『治之極也』。」〔註35〕也就是說荀子的王者制名，是為了禮的政治運作，最終目的在於成就禮治之道。

　　荀子的正名有其特殊的智慧，都符合其堅持的理論，如有符驗、以智慧，有傳承，故必有所本。如牟宗三認為，：

> 克就經驗事物而為言，經驗事物不可離也。離則必漫蕩而無足以核限之者。
>
> 心智必運用於經驗事物而彰其明悟之用，若離思漫游，則必落空而不足以正名辨實，亦且必琦辭詭辯而足以淆亂是非。
>
> 必將有循於舊名，有作於新名。〔註36〕

此中三義乃就歷史傳承、經驗修正、循舊作新等論述之。其指出，荀子的正名析辭，雖屬名理，但如果與文化之累積無關，但是天地人成，凡人生活必

〔註35〕李哲賢：《荀子之名學析論》（台北：文津出版社，2005 年 10 月），頁 94。
〔註36〕牟宗三：《名家與荀子》（台北：臺灣學生書局，2006 年 9 月），頁 257。

以禮，即一日也不可能離開此理。一日不能無措思言動，也就一日不能無是非之形。荀子見亂世多矣，凡不守道德、褒貶以操守、言偽而辯者太多了。上無禮，下無學，悖亂不可收拾，然後才知道名理律令之不可不守；生活言行不可以沒有一套標準；歷史以來聖哲聰明才智者，紛然輩出，並不是全無理路，也不可以盡數拋棄。

後王之道繼承先王之道，制定出後王之名法，後王之法吸收前代之法的精華，更能符合現實社會的需求。說明在名的制定，後王能比先王制定更加至備，更能符合現實需求。後王之情與先王之情一樣，是以後王制定的名禮制度，也是遵循先王禮制大原則，配合時代需求更替，以合乎現實需要。

荀子這裡以現象的掌握為社會的狀態，禮就是在這樣的狀態中合乎社會的需求，這其中對「名」的充分運用，是禮運行的條件，王力說：「荀子在正名篇中所敘述的第一個語言學原理是：語言是社會的產物……今日，還有一些語言學家過分地強調個人在語言應用的特殊性，而忽視語言的本質特徵——社會性。荀子在二千多年前能有這樣的卓越的見解，這是值得我們珍視的」〔註37〕。由此荀子認為提倡棄周道學術思想為姦說，是不懂的禮義精神；又以及名會隨時空變遷、更動的說法，所以只有遵循周道為標準，想要明白周代之道，審視貴在君子，先聖後聖，引導著萬民以從事人文化成，都體現著現實甘苦，所以歷史的歷程必有當於實事，有契於實理，只有文化的傳承，才能見出歷史之成規成矩之不可盡廢也，歷史的經驗不可不遵循，當世的需求更不棄，這也是新王不可不循的道理，此為荀子名實觀的意義所在。

第三節　荀子禮樂文化的社會教育

荀子的終極目標是建立一個禮治的祥合的社會群體，所以強隆禮重法，以建立一套禮制為要而成為社會教育，如云：「禮者，法之大分、類之綱紀也。」（〈勸學〉）荀子思想是以禮的價值為說明起點，說明禮的本質，及以禮生發為人之本，強調荀子是以隆禮重法為目標，將禮視為其核心思想的體系。如云：「先王惡其亂也，故制禮義以分之……是禮之所起也。」（〈禮論〉）人天生就有生理的欲求，這種欲求如如果沒節制，則世界可能發生爭亂，於是先王不願看到這樣的亂久，所以制定出一套禮儀標準。以下從社會制度中

〔註37〕王力：《中國語言學史》（上海：復旦大學出版社，2006年3月），頁5。

的分義、至平、統類等方面論述：

一、社會的分義原則

社會以家庭為基本單位，荀子以「小行」、「中行」與「大行」三個層次來論述儒者的主客觀層面。其中「小行」，就是指人倫社會的最小單位「家」，家庭從父子、夫婦等做起，人所能行的價值行為，入則孝、出則悌及其演衍生的禮義；「中行」，則進一步涉及群體倫理生活的安排，如在「社會」中上下尊卑的倫理層面；「大行」則由「父」而「君」構成人間世界的意義安頓，即在「國家」中，以道以義為整個倫理所運作的規則。如云：

> 入孝出弟，人之小行也。上順下篤，人之中行也。從道不從君，從義不從父，人之大行也。若夫志以禮安，言以類使，則儒道畢矣；雖堯舜不能加毫末於是矣。（〈子道〉，頁 1126）

這三「行」的層次，統由「價值行為」構成論述的核心軸線，但實踐的範圍則由「家庭」到社會到國家。君臣父子兄弟夫婦，「始則終，終則始，與天地同理，與萬世同久，夫是之謂大本。」（〈王制〉）又言人倫關係須以禮義為治之始也，如無禮義，則君臣之間，父子之間、兄弟之間、夫婦之間的一切人倫關係，均混亂有無依循。又云：「男女之合，夫婦之分，故知者為之分也」禮義之分是一種適應環境的需要，而由有德者所制訂出來的一種制度，其目的是為了矯正人天生的欲望。由是可知，荀子的「行」在層層往外推導的過程，同時也使「價值」成為客觀化的可經驗對象。又言：

> 立隆以為極，而天下莫之能損益也。本末相順，終始相應，至文以有別，至察以有說，天下從之者治，不從者亂，從之者安，不從者危，從之者存，不從者亡，小人不能測也。（〈禮論〉，頁 758～759）

人極之禮是要分別親疏尊卑，並可以辨察事情的對錯是非。以禮理為天下的治則，若不是以禮，則天下將亂；以禮修身者身心安頓；以禮行事者則立存於世，這些都是禮所創造的，有秩序的境界。

荀子的倫理地位、才能、職業、政治階級等，認為要有「分」的概念，那是一種擴涵甚大的內容，人倫中有五倫之別，社會有四民之業，所以能維持其相安而共存的環境，就是禮的大功用。荀子云：「萬物同宇而異體，無宜而有用。……知愚同，所可異也；知愚分，執同而知異。」（〈富國〉）因此，人因各人職業身分不同，其間之人倫關係必有別，所以別之者，即在於禮也。

所謂「別」即為分別、分際也，如何作為分別、分際，即須依禮而為規範也。
如牟宗三說：

> 故彼能盛言禮。彼謂「禮者法之大分，類之綱紀也。」又曰：「禮者
> 治辨之極也。」故又常言統類，言禮憲。是則每一名（可指典章制
> 度之名言），每一禮，皆是一典憲也。〔註38〕

荀子禮法併重，是對法之思想的吸收包容，是為儒家生命尋找出路，也是儒家
從容應對當時的政治現實所實踐的自我轉換。這是他超出過去的儒者，承接孔
子內聖外王的理想，以外王的革新事功開出儒家的無限可能。先王體察人情之
中道，而予以節制之，只要服期結束，禮也要適可而止，使之情是藏於內，文
是顯於外，故情文互為表裡，符合於禮義的思慮。故云：「禮者，本末相順，
終始相應。」（〈大略〉）即禮的制定是以情為本，以文為末，唯有文和情相長
相應，禮才得以完備。「兼足天下之道在明分」（〈富國〉），其「分」的概念下，
又細分為辨、分、義、群等項目，如韋政通說：「荀子對當時的社會政治問題
所提供的一個總標準是禮，那麼對當時社會政治問題解決的內容，即必須通過
辨、分、義、群等概念的涵義去認取。」〔註39〕禮者，實為一切人倫關係之準
則，即荀子所言「禮者節之準也，禮以足倫」之謂。由於禮成為人際關係間一
切人倫之規範，因此，能使社會臻於安定而有序也。子曰：「不學禮，無以立。」
（〈季氏〉）「在人倫秩序上，以道之義，即有其倫理的生命規範，以及制度的
規畫。荀子乃以辨、分、義、群指示出化成倫理之途徑，代表著外王之治的具
體措施。」〔註40〕就是禮義制度在現實社會所顯發的作用與功能。如云：

> 人有氣、有生、有知，亦且有義，故最為天下貴也。力不若牛，走
> 不若馬，而牛馬為用，何也？曰：人能群，彼不能群也。
> 人何以能群？曰：分。分何以能行？曰：義。故義以分則和，和則
> 一，一則多力，多力則彊，彊則勝物；故宮室可得而居也。故序四
> 時，裁萬物，兼利天下，無它故焉，得之分義也。禮者，法之大分，
> 類之綱紀也。（〈王制〉，頁380）

文中顯示「辨、分、義、群」皆在於禮的範疇中。人所以能役使牛馬或萬物，

〔註38〕牟宗三：《名家與荀子》（台北：臺灣學生書局，2006年9月），頁255。

〔註39〕韋政通著：《荀子與古代哲學》（台北：臺灣商務印書館，1997年4月），頁
31。

〔註40〕韋政通著：《荀子與古代哲學》（台北：臺灣商務印書館，1997年4月），
頁31。

是因為人能群，群就是群居，因而而能產生社會與風俗，因而總體的聚合也產生人類在世界的力量，故「多力則強，強則勝物」。人之所以能群，是因為有分，分是一種能別的智慧，故分之所以能行，是因為人有義。因而言辨必須通過分，明分而後可以使群。

荀子從群、分、又提到「辨」，人之有辨乃是人的高明之處，也是人有別於物。其常將「辨」與「治」連說，而稱「治辨」。蔡仁厚釋云：「如果對荀子言治道的獨特理路有了了解，就可以看出『治辨』二字，亦如『統類』一樣，乃是荀子有意創用的新詞。因此『治辨』之辨，不同於辦字，不作治字解，亦不作思辨解，是順皆辨之意而加深了它的內涵。」〔註41〕可知辨就是分別，凡貴賤、隆殺、繁省、先後、親疏等等，都必須別其異同等差，然後以才可以定其分位。

其思想仍可見於當代涂爾幹（Emile Durkheim，1858～1917）的「分工」的觀點來論述，以層級分工比擬為人類的肉體與精神，因為要適應而必然產生的結果；但是在方法上，不再走傳統道德家先設定先驗的道德標準，再去衡量現實的狀況。他提出研究的三個步驟：一、討論分工的功能，找出相對應的社會需要。二、確定分工產生的緣由與條件。三、將分工過程中的正常形式與反常形式的討論。更重要的是要將整個分工制度的現象當作一種客觀的事實加以觀察研究，才能與過去傳統的道德研究區分開來，獲致不同的結論，茲論述如下：

（一）從功能而言。荀子辨分群義的觀念，來介定人在社會的著力點，如涂爾幹以對人的觀察和希臘哲學家的說法，提出人類友愛的本質，來自不同性與相似性，看似對立，但同時並存。人類友誼關係的與之間的勞動分工是息息相關的，因此提出：「分工所產生的道德影響，要比他的經濟作用顯得更重些；在兩人或多人之間建立一種團結感，才是它真正的功能。」〔註42〕捨棄先驗道德預設，荀子以類似的觀念為思想方法，故可用來解說荀子的辨分群義的觀念，如云：

> 人之所以為人者何已也？曰：以其有辨也。飢而欲食，寒而欲煖，勞而欲息，好利而惡害，是人之所生而有也，是無待而然者也，是禹桀之所同也。……夫禽獸有父子，而無父子之親，有牝牡而無男

〔註41〕蔡仁厚：《孔孟荀哲學》（台北：臺灣學生書局，1999 年 9 月），頁 469。
〔註42〕涂爾幹，渠東譯：《社會分工論》（台北：左岸文化，2002 年 4 月），頁 17。

女之別，故人道莫不有辨。

辨莫大於分，分莫大於禮，禮莫大於聖王。（〈非相〉，頁 174～175）
這裡談論到兩個概念，人天生就有辨，能辨知、辨別「自然」本能上的不同，
如禽獸也有父子之分，但就沒有父子有親之義；有牝牡之分，但就沒有男女
有別之義，這人與獸自然的本質不同。但人群之有尚有更細節的禮義，必待
聖人然而才能分，這種辨知能力仍具有一些「先驗性的前題」，如傳統觀念中，
天、古、祖、民、聖與經，其身作為象徵性權威，會被中國人拿來作為集體崇
拜、行為訴諸與情感凝聚的象徵。如鄒川雄說：「一種披上神聖外衣的『象徵
符號』，一種供奉、烘托或裝飾行階正當性的名，這六大象徵性的神聖事物，
在公開層面的現實生活中，具有重大的作用。」〔註43〕這六大象徵被荀子統
攝在「禮」的大統之中，故「人無禮則不生，事無禮則不成，國家無禮則不
寧。」（〈修身〉），禮是社會生活的總規範與總原則。

（二）從緣由與條件而言。荀子特別強調「能」群，能是人的自然性進
入社會性的本質，也使得聖人有著力之處，並可以將人的根本問題，以「禮
者，治辨之極也。」（〈議兵〉），判斷取捨性具有重大的作用，各種個體的分
判，滿足分斷的意向，其中的價值表現就是判斷者的人格特性。而涂爾幹則
認為提供勞工，是一種更為博雅的教育，此就可對抗分工分到枝微末節之弊
端的可能性，他說：「無疑地，勞工對藝術、文學有興趣固然不錯，但成天都
把勞工當成機器來看，還是不對。」〔註44〕這是從整個價值來看分，亦是屬
於分而不分的觀點。荀子禮學中，「群」是一種社會的概念，社會是一個龐雜
的系統，認為個人與不能脫離社會而生存，個人與社會是一個整體，群體由
於多層相互關連個別體所組成，有其特殊的職能和發展規律。各子體系之間
能保持相對的平衡，它們相互作用，相互補充，相互促進，形成有機的統一
的整體，名之曰「群」。荀子提出以「聖人」的標準來分判群己，將群體中的
個體用別異、定分的方法，而盡量使個人與群體間所所發生的關係是主客相
合的表現，即「分而不分、不分而分」的狀態，如此可以維持社會的階層和群
體的生活。

重視「社會事實」的解釋，強調社會與事實之間的相互搭架、引申與建
構。從這方面來看，荀子的社會結構與涂爾幹相類。他是在歷史與現實之間

〔註43〕鄒川雄：《中國社會學理論》（台北：洪葉出版社，1999 年 1 月），頁 155。
〔註44〕涂爾幹，渠東譯：《社會分工論》（台北：左岸文化，2002 年 4 月），頁 19。

掌握，社會可區分為平面的分工結構和立體的等級結構，由社會所需要的必
要基本功能而言，需按照傳統，傳統的價值具有一定的主導性力量，即判斷
承襲傳統經驗，要接受世間既存在的一切，尊量各種權威，並將自己安在群
體中，其中關鍵仍在於聖人的「明分」。現實上，荀子重視效率和變化之道，
個人的需求就是聖人的意志，故個人有責任接受聖人的安排，所謂：「百王
之無變，足以為道貫。」（〈天論〉）對於這種不變的結構性，必須面面兼顧，
注意各結構之間的協調性和平衡性。荀子在這方面，不僅注重歷史的連續性，
且關注存留在歷史演進的脈絡中，在當代所具的不變性結構形式。只有聖人
能群、辨異之中懂得「明分」，如云：

> 有分者，天下之本利也；而人君者，所以管分之樞要也。故美之者，
> 是美天下之本也；安之者，是安天下之本也；貴之者，是貴天下之
> 本也。（〈富國〉，頁 430）〔註 45〕

> 兼足天下之道在明分：掩地表畝，刺中殖穀，多糞肥田，是農夫眾
> 庶之事也。守時力民，進事長功，和齊百姓，使人不偷，是將率之
> 事也。高者不旱，下者不水，寒暑和節，而五穀以時孰，是天之事
> 也。若夫兼而覆之，兼而愛之，兼而制之，歲雖凶敗水旱，使百姓
> 無凍餒之患，則是聖君賢相之事也。（〈富國〉，頁 463）

> 君臣上下，貴賤長幼，至於庶人，莫不以是為隆正；然後皆內自省，
> 以謹於分。是百王之所以同也，而禮法之樞要也。然後農分田而耕，
> 賈分貨而販，百工分事而勸，士大夫分職而聽，建國諸侯之君分土
> 而守，三公總方而議，則天子恭己而止矣。（〈王霸〉，頁 507）

凡貴賤、長幼、知愚、是非、美惡、勞佚、農商、百工、諸侯、三公、天子等
當如何，秩序如何，決定如何……等，都是由「明分」一義而獲得安頓，故明
分是一種內外共融的自主價值，從內在價值而言，其本於內心的明察，不受
外力的限制，它的價值標準，不受時間的限制，都會為人所共同承受，或由
內心明察所產生，是為不必爭辯的真實；從外在價值而言農分田、賈分貨、
百工分事、各級分職……等都是合理的工具運用價值。蔡仁厚說：「荀子講
明分、定分之意亦特為剴切。同時，荀子所說的人，亦自始便在『分位等級』

〔註 45〕王天海注引久保愛云：「本利對樞要，宜如字。」又云：「本利，根本之利，
　　　　不必作大利。」《荀子校釋》下冊（上海：上海古籍出版社，2009 年），頁
　　　　431。

中的客觀存在。」〔註46〕明分而後可以使群，故「君者，能群也」（〈君道〉）群居和一，就可以「序四時，裁萬物、兼利天下」（〈王制〉），故在能群、辨異、明分、有義，其中重點就是在「明分」。蓋辨異其目的就是為了明分，而後達到禮義之統以善群。

（三）從社會化過程而言。荀子社會思想中明分使群的能力，其義理、禮法和統類間有一貫的內在相因相連屬的關係，是一種相傳的分義觀，在明分使群的「分」與「辨」之作用所賴以進行的「義」，落在整體性的社會結構而言，乃係明分使群，則屬於正常形式。而涂爾幹則進一步提出「集體意識」的概念如下：「社會成員平均具有的信仰與感情的總和，構成了他們自身明確的生活體」〔註47〕。這種集體意識雖然必須透過個人體現，但不同於個人意識，集體意識會代代相傳，不隨世代更替，做為管理分樞的制度上，正與荀子所提相似，如云：

> 農以力盡田，賈以察盡財，百工以巧盡械器，士大夫以上至於公侯莫不以仁厚知能盡官職，夫是之謂至平〔註48〕。（〈榮辱〉，頁155）

> 群道當，則萬物皆得其宜，六畜皆得其長，群生皆得其命。故養長時，則六畜育；殺生時，則草木殖；政令時，則百姓一，賢良服。
> （〈王制〉，頁381）

理想的社會人人能夠分工合作，站在自己的位置而努力，如果每個人都能明分，那麼每個人可以分配、享受的資源越多，這就是屬於「永恆的價值」也屬於「普遍價值」。社會因為大家的分工合作使得擁有的財富、資源變得更多，在如此多的資源裡，必須能夠按分每個人的分位而度量分界，因此社會必須有度量有分界才會有秩序、有規範，則人處在群體的社會之中，必須明人倫規範，每個人須依自身的身份、等級而有應為與不應為的事，如此以群道當，萬物、六畜、草木、政令等都得讓百姓歸之一禮，則無不服矣。聖王善群，則人群得義，人人敬愛，社會秩序合其禮在天地中，這就是一種暫時性又特殊性的價值。又云：

> 高上尊貴，不以驕人，聰明聖知，不以窮人；齊給速通，不爭先人；

〔註46〕蔡仁厚：《孔孟荀哲學》（台北：臺灣學生書局，1999年9月），頁471。
〔註47〕涂爾幹，渠東譯：《社會分工論》（台北：左岸文化，2002年4月），頁26。
〔註48〕王天海注云：「至平，猶治平，即太平治世。」《荀子校釋》下冊（上海：上海古籍出版社，2009年），頁157。

剛毅勇敢，不以傷人；不知則問，不能則學；雖能必讓，然後為德。
遇君則修臣下之義，遇鄉則修長幼之義，遇長則修子弟之義，遇友
則修禮節辭讓之義，遇賤而少者，則修告導寬容之義，無不愛也，
無不敬也，無與人爭也，恢然如天地之苞萬物。（〈非十二子〉，頁
216）

荀子的禮學極其多元而豐富，可謂為社會一切制度和規範，因此，荀子的禮
制意謂為一套涵蓋多層級的社會結構。這套社會結構不但調整性的承自歷史
文化既有的社會傳統，時代的客觀需求，也係來於荀子統類心的構成法則。
「明通而類」中明通者係由人能分別的思辨心，行客觀認知的知識心靈，探
索事類所以然的義，即內在理據，荀子所謂：「緣義而有類」（〈君道〉）。社會
的分工是一種合乎禮理合的正義，荀子曰：「禮之理，誠深矣。」（〈禮論〉）。
因此，禮制為理的形構，亦即公道、公義的表徵了。反觀，不合乎社會正義的
禮結構之形成，係由來於統類不分所的生成，各級不能「明通而類」，不知所
以然的「義」，則國家也將遭滅亡，則是屬於反常形式，如云：

入其境，其田疇穢，都邑露，是貪主已。觀其朝廷，則其貴者不賢；
觀其官職，則其治者不能；觀其便嬖，則其信者不愨，是闇主已。
凡主相臣下百吏之屬，其於貨財取與計數也，順孰盡察；其禮義節
奏也，芒軔僈楛，是辱國已。（〈富國〉，頁 456）

當分工制度下，主已貪、貴不賢、官不能、信不愨，各種分工貨財取利，不知
禮義，國家違亂。就此而言，反常形式也是生於正常形式下的不明狀態。個人
不珍惜既有的社會職分和地位，而不努力工作以貢獻社會，有虧職守不能克盡
社會分工，則應下降其層級。造成這樣的現象，不在制度而是自取，故云：

今之世而不然：厚刀布之斂，以奪之財；重田野之賦，以奪之食；
苛關市之征，以難其事。不然而已矣：有掎挈伺詐，權謀傾覆，以
相顛倒，以靡敝之。百姓曉然皆知其汙漫暴亂，而將大危亡也。是
以臣或弒其君，下或殺其上，粥其城，倍其節，而不死其事者，無
他故焉，人主自取之。《詩》曰：「無言不讎，無德不報。」此之謂
也。（〈富國〉，頁 435～436）

聖人以禮德治之，百姓無不思報，但仍有犯罪是不能相應於禮教，犯罪是一
種觸犯了強烈而又明確的集體意識之行為。因此，「行為不是因為被定義為犯
罪才觸犯集體意識，反過來，是因為觸犯了集體意識，被公眾譴責，才被認

為是犯罪。」〔註49〕統治階層為了建立德威，或保障信仰與傳統等集體行為，也會將刑法制裁加諸於特別的行為規範上，這種權威的來源仍是集體情感。荀子謂：「無德不貴，無能不官，無功不賞，無罪不罰。」（〈王制〉）賞罰的得宜意謂著分義報酬的正義得以伸張。

　　人與社會分工結構的關係有動靜兩種面向：就靜態而言，將具差別性的人才與具差別性的層級位份應相互配合而一一對應符合，「論德而定次，量能而授官，皆使人載其事，而各得其宜。」（〈君道〉）社會分工乃是文明的進步，古今學者皆有類似的主張〔註50〕。對動態而言，人在社會層級結構中應有上下流動性，社會層級結構對人應持開放性，而為一開放的系統。如是，社會層級結構在提供給人公平的競爭機會，如此不同才智，只要努力充實自己，發揮才學以貢獻社會，則社會也依其社會貢獻的大小程度，而反饋以相稱應得的位份與穀祿。

　　荀子禮樂文化的社會思想與規畫，具有崇理性尚秩序及人道關懷的精神。救患除禍，興利濟世的制度是社會關懷的原動力或出發點，發揮人的思辨能力以究明義理，建構完善的社會體制，以導引群體走向互助和諧，秩序的生活社會，是荀子建立多元的人際關係，以規劃合理生活的手法。故他是儒家人道關懷為出發點，以理性的思辨及建構作為方便，以達到「明分使群」的群居理想，以致「至平」就是其社會終極理想所在。

二、維齊非齊的制度規範

　　禮是統攝一切人文活動的核心，政治乃為人類生活的最廣範圍；乃知禮是規範政治的最高指導原則，而政治是實現禮的最佳場域，禮治成為荀子全部思想的關鍵，故云：「有亂君，無亂國；有治人，無治法。」（〈君道〉）說明

〔註49〕涂爾幹著，渠東譯：《社會分工論》（台北：左岸文化，2002 年 4 月），頁 27。
〔註50〕儒者強差有等差的愛，也認同有等差的治。涂爾幹（Emile Durkheim，1858～1917）認為：「社會分工，可將社會團結與社會整合為一種社會事實，該事實獨立存在於個人之外，並具有獨特特徵。分工的真正功能是在兩個人或者更多人之間創造出一種連帶感，即集體意識（Collective Consciousness）。分工有機連帶社會並非集體意識共同性降低，應該認識為，構成新的集體意識與社會連帶關係（有別於機械連帶），所以像道德並非不重要，而是出現新的道德。分工所產生的道德影響，要比他的經濟作用顯得更重些；在兩人或多人之間建立一種團結感，才是它真正的功能。」參見涂爾幹：《社會分工論》（台北：左岸文化，2002 年 4 月），頁 17～18。

君子是治道的本源，而法是治術的運用，故上下秩度上人則高於法。然而這樣的概念不一定是今日政治思想的「人治」觀念，《中庸》：「文武之政，布在方策，其人存則政舉，其人亡則政息。」此論述體現了「為政在人」的精神可以看出。因為治人受到客觀禮義的「禮義」、「道貫」所制約，荀子重視秩度與重視人，正是其禮治思想中具有整體性的精神。

　　荀子的禮治建構，以制禮義定制度，分清個人的權利義務及身份地位，制定一個「維齊非齊」的合理禮治，如云：

> 分均則不偏，埶齊則不壹，眾齊則不使。有天有地，而上下有差；
> 明王始立，而處國有制。夫兩貴之不能相事，兩賤之不能相使，是
> 天數也。埶位齊，而欲惡同，物不能澹則必爭；爭則必亂，亂則窮
> 矣。先王惡其亂也，故制禮義以分之，使有貧富貴賤之等，足以相
> 兼臨者，是養天下之本也。《書》曰：「維齊非齊。」此之謂也。（〈王
> 制〉，頁346）

荀子認為，如果社會上的人都勢位等齊，沒有貴賤階級，則天下就會亂，所以要「非齊」。這裡引用《書·呂刑》「維齊非齊」的用意。是故刑罰綦省而威行如流，世曉然皆知夫為姦則雖隱竄逃亡之由不足以免也，故莫不服罪而請。

　　一個對平等公義觀念的理解，是要如何才能達到平等呢？某一些現象的不平等才是真正的平等，因為人在智慧、體能上都是有差異的，因此人們對這個社會的表現也是有其不同。同樣的，人們的需求也是有差異的，如果都按照同一個標準來對待的話，那當然就不公平而且不公義。故王祥齡說：「蓋荀子首先將先秦儒家賡續宗法血緣『尊親』的倫理必然轉向理性必然，展開其『尊賢』與『法自然』。」〔註51〕讓社會有賢能者出頭，而他享有應有的名位，這是公義的自然法則。

　　想要安定社會秩序，荀子認為必要靠制度的維繫，制度是一種外在的規則，人能依靠制度在日常生活中邁向和諧，如海德格云：「當我們在『人人』的支配下存在，我們會在意差距，要求平均和壓平自己，這構成人的公眾性。」〔註52〕這「人人」已不再是自己，而是公眾，對公眾才能有所節制與規約，

〔註51〕王祥齡：〈論荀子禮法之法理思想〉，《第三屆中國文哲之當代詮釋學術研討會會前論文集》，國立臺北大學中國語文學系，2007年10月，頁233。
〔註52〕陳榮華：《海德格存有與時間闡釋》（台北：臺大出版中心，2012年2月），頁83。

即所謂「制度」的運作，這也是荀子重視制度的原因，考察人在社會中會表現出海德格謂人的差距性、屈從性、平均性三種性格〔註53〕，與荀子所展現的「維齊非齊」的社會制度觀，也是從人與人的分義群等關係來設立。

（一）差距性。人和人總是有差異，出生不同、條件不同、環境不同，人進入到社會就知道各有不同，但是本性的趨使，人能追求更好，抑制他人，故聖人制定的禮治也要能配合天運行之常道，知人性與物性亦有差別，使萬物生長合於時令，使六畜生長興旺，則人與萬物皆能安其性命。此即荀子所謂君能明曉人的差距性，而用之為善群之道，是為禮義之道。君子之所以能通曉此理，在於君子能體察萬事萬物之情理，將萬物、百姓之情置於個人私欲、私情之前，符合人民的需要，這是禮之實踐中的情文合一。正如海德格說：「當我們注意別人的行為時，我們不是單純地觀察它，而是關心我們自己與他們的差異，並進而要泯滅差異。」〔註54〕在泯除之中可能會有爭亂，是以荀子看到這一點，想要消除差異的方式，就是以制度的平衡每一個人，制度運行下的社會讓人不自覺它的存在，但它愈是在暗中支配人，愈能使人有所定分。因此，君子體察人物變化之道，明白配合動物生長的時令，則萬物興盛，並配合植物生長的時令，則草木繁盛；讓人人工作時能配合政令，就能使百姓齊心合一，賢才良將為國家效命，這都是重制定是，在觀察人物之間的差異而不可不察善群之重要性。

（二）屈從性。荀子的禮由社會教化言，可說是合理的和外鑠式的社會行為規範，他說：「禮者，節之準也。」（〈致士〉），禮，是可理解及遵行的經驗性規範，社會成員可資以調理節制其內心過分的慾望及外在過度的行為方式。荀子又說：「禮者，表也。」（〈天論〉）意謂著禮是以具體的、客觀的度量分界之形式，公佈於社會，使社會成員的言行能有所遵循的規範。人與人共存在社會中，人不僅感受到他與別人的差距，他更要根據差距來調整自己的行為，如海德格說：「對於這種根據別人來調整自己的存在，那就是屈從別人。別人卻又是如此真實地統治我們。」〔註55〕那「別人」又是誰呢？

〔註53〕陳榮華引海德格之語：《海德格存有與時間闡釋》（台北：臺大出版中心，2012年2月），頁83。

〔註54〕陳榮華：《海德格存有與時間闡釋》（台北：臺大出版中心，2012年2月），頁82。

〔註55〕陳榮華：《海德格存有與時間闡釋》（台北：臺大出版中心，2012年2月），頁82。

他不是指這個人、那個人、或所有的人，他是一個中性的，無特定對象的「人人」，故人人就是指在大制度下生活的每一個人，人必須配合人人才能生存。荀子把這人人安置在禮治之下，荀子見性惡初起到化性起偽的社會化歷程，實際上就是儒家所一貫強調的社會教化或社會教育。

（三）平均性。故荀子提出「天之生民，非為君也；天之立君，以為民也。」（〈大略〉），把天—君—民統攝的思想表達得更為清楚明確，荀子突出了「民為邦本」的思想，將治道哲學化為一種政治藝術，這是儒家一貫承傳，也是治道的向上開發，毫無神學色彩，純粹理性的人本思想在與別人共存時，自己都會在意與別人的差距，這種差距會讓自己必須去調整，以達到與他者平均。正如海德格說：「在日常生活的存在中，我們總是要求與人人一致，當人人都認為這是有效的，自己也會認為它是有效；人人稱之為成功的，那就是成功。我們要求平均，不敢有獨特的意見，並將獨特性磨平。」〔註56〕當公眾性控制了我們對人和世界的各種看法，壟斷了我們的見解，但這不表示人和世界有深入瞭解，這時荀子認為聖人的禮義就顯得相當的重要，因為對於秩度的配合的同時，人們也開顯了生命。

以上從分析治道的差距性、屈從性與平均性來看制度時，人們似乎被一種「維齊」的公眾性的制度所支配，如云：

> 王者之法：等賦、政事、財萬物，所以養萬民也。田野什一，關市
> 幾而不征，山林澤梁，以時禁發而不稅。相地而衰政，理道之遠近
> 而致貢。通流財物粟米，無有滯留，使相歸移也，四海之內若一家。
> （〈王制〉，頁365）

在王者的制度下可以養萬民、四海一家，以公眾性才是維持個別性的主要關鍵，荀子是從分別個體的差異達到治道同一之境，這兩極之間，正是由「維齊」來保障「非齊」。學者林端說：「普遍主義與特殊主義對於儒家來說，並不是絕對對反的東西。相反地，儒家總是嘗試要將普遍主義與特殊主義加以統一起來，然後作一個綜合性的考量。」〔註57〕兩者思考的考量就

〔註56〕海德格對於這要求平均的存在方式，稱之為「壓平」（leveling down）參見，陳榮華：《海德格存有與時間闡釋》（台北：臺大出版中心，2012年2月），頁83。

〔註57〕林端：〈全球化下的儒家倫理——社會學觀點的考察〉，第二屆《中華文明的二十一世紀新意義》學術研討會，美國史丹福大學，2001年3月31日～4月1日。

是荀子社會控制的機制。

　　齊與不齊之間無需由個別去負起治道的興亂，由制度所建立的個人生活才是真實的，蓋「使有貧富貴賤之等，足以相兼臨者」，但是荀子卻要人根據公眾性的制度去決定自己的「非齊」定位，就如社會學家以「內化」﹝註58﹞一詞，來表示內在層次的社會控制。那就是將社會規範和價值透過社會化的過程傳授、化育社會民眾，以建構或形塑其社會人格的過程。「內化」是一種在社會化的過程中，導引人熟悉、接受和全盤認同社會規範與價值的過程和作用，人們經歷內化過程後，由於積漸成習而不自覺地遵守這些規範，而非基於自覺的避免懲罰來壓抑自我就範。內在的變化過程中，利害關係體現一方面是掌控某些現實的狀況，而非讓現實情境來壓迫我們；間接地，有效推動了其他利益的產生，如昂格爾認為：「我們顛覆固有的社會分工及等級體制所取得的利益，因此減少對各種制度和信念的攻擊。再者，通過增強重新整合人們、機構和觀念的能力，促進實踐進步而取得利益。」﹝註59﹞實用的觀念對荀子的立論，是建立一套規範和價值，是實質性的社會文化內涵，也是構作整體社會秩序的基礎，這是人類存在的歷史過程，荀子的主張對現有安排及既定信念的改變，採取的是一種統觀行為。

三、政道統類的生命規範

　　荀子禮之本質，表達出對先儒的變革與對現實政治法度的接納，荀子以禮義之統的判斷和抉擇上是第一序概念，以自主理性意志，對統治者不再只是唯命是從，故乃有「從道不從君」、「從義不從父」之說，可知其在文化意圖上，表示君子要以唯道為尚。故荀子提禮義之統，是聖王治理之具體內容，在「禮義之統」等方面，他肯定篤行君子，以知統類為本，行辨分為用，如行合一以成就禮義的治道，荀子的禮學乃是人們邁向規範之道的活水泉源。

﹝註58﹞ 內化（Internalization）是指個人將別人的或外在社會的觀念、態度、價值標準等慢慢轉化成自己的觀念、態度、價值標準，而終於變成自己內在的心理特質或人格特質的一部分。社會學上內化觀念肇始於涂爾幹的說法：他認為社會即規範的體系，此一體系超越個人意識獨立存在，但透過內化的過程深植於個人意識中。

﹝註59﹞ 羅伯托・曼加貝拉・昂格爾（Roberto Mangabeira Unger）著，諶洪果譯：《覺醒的自我——解放的實用主義》（北京：北京大學出版社，2012 年 1 月），頁 44。

禮是一種理性的規範，情要須合乎、行安於禮，即要合乎理性的規範；而意志的選擇須以普遍之道為準則，意志能夠對道有所選擇，在於理性發揮了功能，禮施用於政道，以道為「正權」而擇之，即體現了理性規範、指導意志。內在的人格若是具有真誠的情感、堅毅的意志、理性的理智，展現了儒家對人格注重的共同特徵，亦即以知、情、意的整合為理想人格的內在品格，孔孟荀展示了一脈相承的共同理想。

（一）仁義之統即禮義之統。孔孟所規範的知情意，主要立基於「仁」之上，知情意為內在的德性。而荀子則將知情意等人格的內在品性與外在的禮連繫，較孔孟更為注意現實的問題，內在品性與外在規範的連繫，就是視遵守基本的行為規範，是構成內在德性的基礎故必先言「先王之道」及「仁義之統」，其「仁義之統」也是在「禮義之統」的範疇中，荀子將先王以來的「仁義」觀念，都涵納入其禮義之中。如云：「今以夫先王之道，仁義之統，以相群居，以相持養，以相藩飾，以相安固邪。」（〈榮辱〉）孔子要攝禮歸仁，是將一切外在行為的規範，都是人的內之德的自我覺察。荀子則認為，先王之「道」與仁義之「統」，皆是指「禮」而言，是以「道」和「統」皆是「禮」的效用，說明禮是先王治理國家、統治社會的準繩。所謂的「仁義之統」中的「仁義」即是指自然合理的道德價值，其義涵是多元豐富的，非單一特定的，是萬事萬物的根本理序原則，可以此統理、調節萬事萬事。

仁義之統來自於先王之道，故「不法先王，不是禮義」（〈非十二子〉），荀子的法先王是一種統稱，乃指古代開創政道的聖王，荀子慣以「堯舜」、「堯禹」或「堯舜禹湯」等統稱為先王。「得賢師而事之，則所聞者堯舜禹湯之道也。」（〈性惡〉），「若是則一天下，名配堯禹。」（〈王霸〉），可知荀子對於政治的理想，必以古聖王為其典範。其說仁義之統，讓百姓群居、生養、居飾、安定……等都是先王的仁義所統攝。

自歷史以來，先王聖人早為人類生活擘劃藍圖，以仁義之統、詩書禮樂之分，都是為了生民的生活著想。先王之道在不斷接受時代的淘洗的經驗中，溫柔敦厚地流傳下來，政治理想也是以聖人所呈現的思想，都是以禮為其核心之運作。東方朔認為：「荀子在先王之道和禮義法度對人而言乃表徵著一種意義世界，此意義世界正是人的自我理解得以展開和實現的前題。人是先在此意義世界之中，然後才嘗試去探究和理突纏義世界。由此觀之，此禮義法度和先王之道並非只是外在於人。」從個人的處世應對到社會政治的措施和

制度，都能循乎禮依乎義，而政治思想，〔註60〕是以「仁義之統」為主要的訴求，只有順熟修為的君子，才能體會，亦即聖人的用心，只有聖人那樣的人才能知道建構那樣的世界。〔註61〕早在人們通過自我反思理解自己之前，人們就以某種明顯的方式在生活的家庭、社會和國家中理解自己。這樣一種人與意義之間的相互理解或詮釋，正符合荀子以先王後王、人與禮的生活世界相互連繫的詮釋。故云：

> 故先王案為之制禮義以分之，使有貴賤之等，長幼之差，知愚能不
> 能之分，皆使人載其事而各得其宜。然後使穀祿多少厚薄之稱，是
> 夫群居和一之道也。（〈榮辱〉，頁155）

先王之道在以禮為綱紀，以禮來維持人群間分位等級的秩序，使尊卑貴賤、長幼、賢不肖等有了秩序的分吸，使人事的運作各得其宜，眾多人的生活事項能歸於禮義之道，則是人盡其材、地盡其利、物盡其用，可謂是大同的理想。這樣和一之道不僅是君道的極致表現，它同時也代表了禮的理想實現了。

（二）以一行萬。荀子以大儒能深知其類，應萬事之變而無窒礙，以法行、以類舉，以一行萬，即是所謂的聖人。「所謂聖人之知乃指：多言則文而類，終日議其所以，言之千舉萬變，其統類一也，是聖人之知也。」（〈性惡〉）、「齊明而不竭，聖人也。……依乎法而又深其類，然後溫溫然。」（〈修身〉）以聖人能深明禮法之統類，言行舉止不僅僅合於外在禮法的要求，同時內心亦不會有任何緊張、壓迫之感，融禮法於個體之中，故能溫溫潤澤若有餘裕，故能千舉萬變而應之無窮也，此為聖人之知。其藉堯舜的楷模形象，做為統治天下的標準。認為君王要遵循先王所制定、施行的禮義之道，並且以仁義的道德價值為制定的依據，來統攝群類，則社會秩序得以維持，物類之間可以和諧共處，生活物質上可以相持而養其欲，不同的身份地位擁有適當的情感上能夠合宜的抒發。故云：

> 王者之人，飾動以禮義，聽斷以類，明振毫末，舉措應變而不窮，
> 夫是之謂有原。（〈王制〉，頁365）

〔註60〕東方朔〈心知與心慮——兼論荀子的道德主體與人的概念〉，《國立政治大學哲學學報》，第27期，2012年1月，頁67。

〔註61〕伽達默爾說：「有意識地把這個現象學的世界概念，稱之為『生活世界』（Lebenswelt），即這樣一個世界，我們在其中無憂無慮地自然處世，它對我們不成為那種對象性的東西，而是呈了一切經驗的預先給定設定的。」參見：《真理與方法I》（北京：北京商務印書館，2012年），頁352。

這是以王者之修為為自身條件即仁義為主，又提禮義為外在的飾行，如此本末內外統而貫之，故「仁義之統」與「禮義之統」貫徹融攝禮的法儀制度，禮義落實為具體的制度層面，而且成為整體制體的精神價值。所以荀子必然要提供一套禮的齊一性與合理性，使禮統攝規範一切，使成文制度與不成文的風俗習慣，達到「以類行雜，以一行萬」（〈王制〉）「故曰：欲觀千歲，則數今日；欲知億萬，則審一二；欲知上世，則審周道；欲審周道，則審其人所貴君子。」（〈非相〉）的統類效果〔註62〕。

聖王以禮治國，則會有遠近的國家、人民爭相歸附，明君的聲名顯赫，足以威震敵國，國勢強盛，足以鞭撻敵人，以禮從容的指揮政務，而強暴之國則亦被明君所驅使的清況，說明聖王以禮作為群居合一，治國之道，社會得以和睦，國家免於強暴之國的迫害。聖人的智慧深遠不可識，借引哀公問的例證得知：

> 孔子對曰：所謂大聖者，知通乎大道，應變而不窮，辨乎萬物之情性者也。大道者，所以變化遂成萬物也；情性者，所以理然不取舍也。是故其事大辨乎天地，明察乎日月，總要萬物於風雨，繆繆肫肫，其事不可循，若天之嗣，其事不可識，百姓淺然不識其鄰〔註63〕。若此，則可謂大聖矣。（〈哀公〉，頁 1147）

聖人能以大道通乎一切事物之理、應乎一切變化不窮，此大道即為禮義之道；聖人能辨明禮義之形成、變化，而符應於日常生活。荀子以聖人之智與德，彷彿天地、日月、風雨之重要，聖人是「全而粹」的完美人格，故曰：「盡善挾治之謂神，萬物莫足以傾之之謂固。神固之謂聖人。」（〈儒效〉）荀子標織出聖人的人格型範，人民也因此得到其德澤，故荀子之學就是在這樣的歷史要求中被激發出來，荀子的政治觀，就是對儒學發展要求的一個切實的回應。

　　（三）以古知今。荀子以先王制禮養人欲的目的為基礎，建立一套以禮為別為統的社會法則，且以配合人與人之間的親疏關係、能力差異、身份職業，使每個人的獲得應有的公平待遇，是以荀子所認為以禮憲的和諧社會雖

〔註62〕王天海云：「千歲與今日對，億萬與一二對，上世與周道對。故袑上世指遠古治世，周道則指周朝所行之道。」參見，氏著：《荀子校釋》上冊（上海：上海古籍出版社，2109 年 10 月），頁 180。

〔註63〕李滌生注云：「此文『淺然』，當依大戴記『淡然』。此言百姓不日其澤厚，即孟子『王者之民自皥皥如也』之義。」（台北：臺灣學生書局，2000 年 3 月），頁 667。

是有等差的，卻能消弭人與人之間的衝突。故云：「古者先王審禮以方皇周浹
於天下，動無不當也。」（〈彊國〉）、「先王以禮義表天下之亂。」（〈大略〉）先
王之道是仁道最完美的表現，依仁義之統而行即是審禮，故從先王之道以後
王承續仍為此禮道，此知道乃是不偏不倚，合乎人類的標準。王者必以仁義
為傳統依據，此仁義之本質，是在「審禮」而行，合於先王之道則動無不當，
就是荀子的禮義內容，乃具仁義之道，以作為人民生活行事的規矩範式，如
此才能擁有治人之法的主要精神。

荀子提高禮的地位，並強化禮的功能，著重在建立社會的規範和秩序，即
是禮況，目的是要以禮義為統攝條貫之理，架構一個以周文為型範的人文化成
的禮義社會。雖然先王之道傳承至今，但仍有要權變而修正的必要，如云：

> 聖人者，以己度者也。故以人度人，以情度情，以類度類，以說度
> 功，以道觀盡，古今一也。類不悖，雖久同理，故鄉乎邪曲而不迷，
> 觀乎雜物而不惑，以此度之。五帝之外無傳人，非無賢人也，久故
> 也。五帝之中無傳政，非無善政也，久故也。禹湯有傳政而不若周
> 之察也，非無善政也，久故也。傳者久則論略，近則論詳，略則舉
> 大，詳則舉小。愚者聞其略而不知其詳，聞其詳而不知其大也。是
> 以文久而滅，節族久而絕。（〈非相〉，頁181）

蓋先王之道歷時久遠，雖然人言之鑿鑿，然時有巫妄，難以詳知，後人傳聞
之言，不過舉其大略，何況又經過了上千年，其中史實也不可以盡知，只有
以人度人、以情度情，以類度類，這是後王可以採用的。所以必須法後王為
主要實行對象，故言治國之道不遠過三代，否則即寬泛久遠、浩渺難信；言
制度、法規若不同於後王，否則即為不正。談論政治不要遠離安定求存；談
論志意之修，不要涉及士以下之人；談論道德，不要異於後王之說，這都是
從求「切用」於政治的角度上立論。可見荀子所言的「後王」，是指周代之聖
王，法後王，即法周，此與孔子說「吾從周」（《論語・八佾》）意義相同。又
云：

> 欲觀千歲，則數今日；欲知億萬，則審一二；欲知上世，則審周道
> 〔註64〕；欲審周道，則審其人所貴君子。故曰：以近知遠，以一知
> 萬，以微知明，此之謂也。（〈非相〉，頁175）

〔註64〕李滌生注云：「由周道（周禮）可以推知上世之道也。」（台北：臺灣學生
書局，2000年3月），頁82。

先王的事蹟因久遠而模糊，不如後王之粲然，這也表現出不法先王的不得已，與法後王的不得不。〔註65〕蔡仁厚說：「荀子法後王的積極理由，可以歸結為二點，一、後王之禮義法度，粲然明備，可徵可據。故言治道者，不能不以周文為根據。二、周道，亦即後王之道乃由百王之禮法損益累積而成，欲知先王之道，必須從後王中求。」〔註66〕總之是在對先王的留戀中推出後王的，透露出為「法後王」尋找理由的傾向，如果「後王」就是文武、周公或孔子之道，也不必然就是如此設定。然而後王的禮義法度已經光大而具備，可據可徵，故言治道，不能對以周朝的禮義為根據。

蓋從禹、湯所傳流下來的禮義法度，到了周代都有有客觀的成文記錄，足以做為後人查考借鑑的資料，如云：「禹湯有傳政，不如周之察也。」（〈非相〉）所以他才主張崇尚周制，以效法後王。故荀子理想中的制度化社會，是以「禮」為支柱，他所主張的禮，也是客觀性較強的制度，為了強化禮的作用與說服力，他便主張「法後王」，以作為禮的歷史根據。〔註67〕又云：

> 故千人萬人之情，一人之情也。天地始者，今日是也。百王之道，後王是也。君子審後王之道，而論百王之前，若端拜而議。（〈不苟〉，頁102）

欲知先王之道，必須從後王中求，不能捨後王而別求先王之道。所以「審後王」是唯一確實可行的禮。人類思想的發展始終是一個漸進過程，這一新思維對後代的肯定是借古代的君王而獲得的，察今是為了知古，荀子正是利用這一思想賦予了「後王」以價值，如果「後王」指的就是社會公認的文、武、周公或孔子之政治德能，這一論證並沒有特別的需要。

（四）後王乃承百王之道。從百王道，即今之後王行也。楊倞注云：「後王，當今之王，言後王之道與百王不殊，行堯舜則亦堯舜也。」〔註68〕廖名

〔註65〕子曰：「夏禮吾能言之，杞不足徵也。殷禮吾能言之，宋不足徵也。文獻不足故也，足則吾能徵之矣。」（〈八佾〉），亦可知孔子知夏殷之禮，唯文獻不足證，以類推之，是對禮謹慎態度。

〔註66〕蔡仁厚：《孔孟荀哲學》（台北：臺灣學生書局，1999年9月），頁490。

〔註67〕蔡仁厚引牟宗三：「知統類，當有二層。一、荀子所說的『法後王，統禮義、一制度』，這是就禮憲發展之跡，本其粲然明備者而條貫之，以運用於當時，荀子即以此而衡定雅儒大儒與聖人。二、是明察時代精神之發展，人心風俗之隆替，通古今之變，以觀人心之危。」參見蔡仁厚：《孔孟荀哲學》（台北：臺灣學生書局，1999年9月），頁465。

〔註68〕楊倞注語，參見《荀子集解》，頁58。

春認為：「後王是一種統稱，泛指先王之後至當今之王前之君王，然說，荀子將歷代君王，自堯舜以附至周武王以前稱『先王』，周成王以降至當今之王稱『後王』，則荀子顯然有其特殊用意。」〔註69〕故既以先王、後王稱之，則效法對象不同，但效法的實質內容並無太大的差異。如〈非相〉云：「凡言不合先王，不順禮義，謂之姦言。」其以不切時用的說法來論判俗儒的不實，其粗略地法先王而不能切於時用，最後將會亂世之術，都是因為其缺乏對後王制度的瞭解。

荀子景仰周公「論法聖王，則知所貴矣」（〈君子〉）之治，大儒最能表現在政治輔佑君王，是能「法先王、統禮義、一制度」（〈儒效〉）的王者風範。又以孔子為例：「孔子仁知且不蔽，故學亂術足以為先王者也。一家得周道，舉而用之，不蔽於成積也。故德與周公齊，名與三王並，此不蔽之福也。」（〈解蔽〉）所以在其法後王的思想中，周公、孔子實可以為驗證的後王。

荀子以人有「義」且必須以「心」之能慮、能擇與實踐的積習，超越生理性的欲望限制，此非依祂（外在超越）保證而起的自覺，方可謂「主體性」〔註70〕，儒學的價值就在政治之中，不能投入政治，就是儒者最大的遺憾。儒家思想系統中雖有「修身俟時」、「靜待來命」等修養的身心平衡機制，但廣泛吸收各家思想充實自身，潛心探索通向政治之路，正是儒家人物不斷努力的方向。荀子就是在這樣一個儒學發展趨勢中，不斷地努力，他發展儒學、建構自己的思想系統之時，這是討論荀子的「法後王」的思想時，對於掌握全面的儒學所要具有的態度。又云：「有法者以法行，無法者以類舉。」（〈大略〉），法王王的思想在於承續粲然明備的後王禮制，這是聖人於禮義發展中，推求其統類，把握其共理，由即能處而盡權變，故「法後王」之說，乃是以立「禮義之統」的治道思想。

綜上所述，可將荀子主張法後王的原因，可知，先王已然傳下仁義之統，這是後王足以制定禮義的重要元素。從先王發展到後王，已然粲然明備，故可徵之以為據。歷史發展到周，始出現初次一統天下的局面，這局面的維繫乃由禮制的凝結，故言治道，必以法後王為據。因能審周道，即足以知上世。

〔註69〕廖名春：《荀子新探》（台北：文津出版社，1994 年 2 月），頁 169。
〔註70〕勞思光說：「『心性論』之根本義，在於『主體性』及『最高自由』，距經驗意識最遠；不似『天道觀』或『本性論』皆依『存有』立說，易於接近。」參見，氏著：《新編中國哲學史・三上》（台北：三民書局，2007 年 1 月），頁490。

周道乃百王之法累積損益而成，故後王即足以代表百王之道，這就是荀子知通統類的原因。其以禮義之統為主要治道精神，然不能只託空言，而必有所本，這就是他要強調「法後王」的目的。

四、社會正義的民生關懷

儒家「經世」、「淑世」、「修齊治平」和「外王」的觀念已為中國人所內化，儒者對社會、政治等公共事務表現出強烈的關心和志向，展示著儒家以關懷為導向的社會基礎。早期儒家是如何認識「人」、「士」和「儒」的社會角色的，重視人的社會地位合理分配。儒家在參與公共事務與道德信念必有所選擇，蓋儒家扮演的成己、成人的人文教化和文化傳承角色，同他想扮演的公共事務管理角色同樣重要，它沒有成為「哲學」或「政治」，因為在道德理性與政治地位不可兼得情況下，守護和堅持道德理性，恰恰反映了儒家人文主義的特色。如果儒家為了參與政治，而放棄道德理性和人文主義信念，這對儒家來說，已然成為一種悖離，這精神與孔孟荀相去甚遠倒可。

荀子與孔孟的社會擔當是一樣的，他不是機會主義者，當他體道而變常、化性起偽的理想與現實發生衝突時，他們選擇掛冠求去、另求開創，而不同流合污，這不僅是明知的，而且也顯示了其道德勇氣。字面上而言，孔子述仁，孟子講義，荀子以禮，但在與「公」之義的相連結，荀子似更看重社會的公義、公道等現象。

在荀子看來，如果社會政治地位的分配不是依據德能而進行的，那就是最不吉祥的行為。如云：「凡爵列官職賞慶刑罰皆報也，以類相從者也。一物失稱，亂之端也。夫德不稱位，能不稱官，賞不當功，罰不當罰，不祥莫大焉。」（〈正論〉）儒家合情合理地設想了愚者事奉智者、不肖者事奉賢者、卑者事奉貴者、小人事奉君子的邏輯，又荀子說：「少事長，賤事貴，不肖事賢，是天下之通義也。」（〈仲尼〉）儒家相信只有根據人的實際德能進行政治地位的分配才是合理的，由此而形成的尊卑、貴賤和貧富等級差別也是自然的。

正如韋伯（Maximilian Karl Emil Weber，1864～1920）所說：「建立在全才基礎上的『美德』，即自我完善，比起通過片面化知識（Vereinseitigung）所獲得的財富，要來得崇高。即使是處於最有影響地位的人，若不具備來源於教育的這種美德，在世上便會一事無成。因此，『高等』的人所追求的是這種

美德，而非營利。」〔註71〕直到今日又有《正義論》作者羅爾斯（John Boardley Rawls，1921～2002）提出：「沒有人應得他在自然天賦的分配中所佔有的優勢。」〔註72〕這一主張，是相當振人耳目的平等觀。這種把人的先天智力及由此而來的收入差別納入到分配領域中重新分配，真正實踐起來幾乎是不可能的。最多只能像他所說的那樣，「對處於不利社會地位的人給予一定補償，以構成社會的整體合作。」〔註73〕韋伯與羅爾斯的說法似乎成為兩端，然說在儒家而言，卻能調和為一，蓋儒者需要一定的政治定位，他必須定訂規章或準則以為人民的遵循；但儒者同時也是十分關懷弱勢族群，在「大同」的目標下，弱勢者一直都是儒者的首要關懷。

徐平章云：「荀子之學，固貴乎辨合符驗，言天徵人。故論古必節於今，以近而知於遠也；言性惡必設禮法，以情度情，以類度類；又善論理辯名實，此其所以異於孟子。」〔註74〕荀子以性惡為觀點，必然的使孔子的「齊之以禮」轉向「外鑠」於人的「法」，且對刑賞慶罰持較正面、肯定的態度。「性惡」之說，其「性」乃就「生之謂性」論性，就人實存的感官本能及好利惡害、己是人非的心理反應層面定義人性，對人性採取不信任的態度，以為須用外加的強制性規範師法、禮義來對治、約束人性，否則無法避免混亂、失序、衝突、爭奪的「惡果」，故性雖不是本惡，但順人之性，卻必然有「惡」。

因此對於社會之惡，在荀子認為惡的演進可以是社會不平、養欲不足、或立足點不同……等觀點，所以在社會救濟上，荀子則更突顯其關懷面向。正如羅爾斯在《正義論》中提出兩項正義原則：平等的基本自由權、社會及經濟不平等下，必須有公正平等及差異原則。依其理論來論述荀子在這方面的思想：

（一）平等的基本自由權：在一個相當完備的體系下，每個人都擁有各項平等的基本自由權，而且與他人在同一體系下所擁有的各項自由權並不相悖。如云：

〔註71〕馬克思‧韋伯著，洪天富譯：《中國的宗教——儒教與道教》（江蘇：江蘇人民出版社，1993年），頁187。

〔註72〕羅爾斯著，何懷宏、何包鋼等譯：《正義論》，（北京：中國社會科學出版社，1988年），頁94。

〔註73〕所謂「補償」，如對因先天或後天因素造成的『殘疾人』給予社會救濟。羅爾斯著：《正義論》，（北京：中國社會科學出版社，1988年），頁95。

〔註74〕徐平章：《荀子與兩漢儒學》（台北：文津出版社，1986年），頁37～38。

> 禮者，貴賤有等；長幼有差，貧富輕重皆有稱者也。故天子袾裷衣
> 冕，諸侯玄裷衣冕，大夫裨冕，士皮弁服。德必稱位，位必稱祿，
> 祿必稱用，由士以上則必以禮樂節之，眾庶百姓則必以法數制之。
> 量地而立國，計利而畜民，度人力而授事，使民必勝事，事必出利，
> 利足以生民，皆使衣食百用出入相揜，必時臧餘，謂之稱數。（〈富
> 國〉，頁 427）

雖然貴賤長幼有等差，在禮的關照下，則位有所稱，平等與自由才有保障。然人與人的聚合是消極的，因為這種關係仍不能將人的意願導向富國的共同目的，不過消極與積極關係仍是互為所用的。荀子認為，人對人要以德稱，利足以生民，故對人的權利，要有共同的社會基礎才能有稱數。故對於平等與禮義的劃分沒有嚴正的社會事實基礎，單單認為平等可以發揮稱位稱數是不夠的，平等仍只是社會連結必然之附帶，唯具足道德觀的平等才能充滿公義道，這才是極的連結必來自積極的連結。

　　（二）社會及經濟的不平等必須滿足條件：由於社會及經濟的不平等的情況下，想要有所改善，必須滿足條件兩個條件：

　　1. 公平機會平等原則。如各項職位及地位需要在公平的機會平等、均等的條件下，對所有人開放。如云：

> 相高下，視墝肥，序五種，君子不如農人；通貨財，相美惡，辨貴
> 賤，君子不如賈人；設規矩，陳繩墨，便備用，君子不如工人。（〈儒
> 效〉）

不同的人倫，是儒家認為達成社會多元和諧的必要條件。這植基於社會公義所定位的人際結構，也是明分使群的工作所在，人倫以「明分」的原理，是讓個體在至平的社會裡，適才適位、各得其所，並以分工合作而各取所得。因此，「不同而一」雖是有社會差異的人倫常態，然而這樣的社會差異，是稱情合理，呈現著秩序與和諧。

　　荀子認為農工商賈等都有有專業與特長，他們的技術與經驗，不是任何階層的人所能勝任，以此能補其不能，以其有餘補其不足，這就是一種供需之平衡，對於社會多元的角色，並沒有可以任意取代，故以禮為交流，「禮者，斷長續短，損有餘，益不啙，達愛敬之文，而滋成行義之美者也。」（〈禮論〉）救濟重在人與人之間，相互交流與節制，以達到平等自由之目的。

　　2. 公平機會差異原則。應使社會處境最不利的成員獲得最大的利通。如

荀子所謂：「禮也者，貴者敬焉，老者孝焉，長者弟焉，幼者慈焉，賤者惠焉。」（〈大略〉）老長幼賤者皆屬社會中生存條件及能力較為弱勢者。荀子本著人道關懷，一方面提倡「選賢良，舉篤敬，興孝弟，收孤寡，補貧窮」（〈王制〉）對於社會道德與救濟，又有更深入的關懷；而另方面則又責成為政者，以政令制度來落實殘障福利及貧民的醫療救濟。如云：

> 潢然兼覆之，養長之，如保赤子。生民則致寬，使民則綦理。辨政令制度，所以接天下之人百姓，有非理者如豪末，則雖孤獨鰥寡，必不加焉。（〈王霸〉，頁 517～518）

> 五疾，上收養之，材而事之，官施而衣食之，兼覆無遺。……是王者之政也。（〈王制〉，頁 338）〔註75〕

「五疾」指啞、聾、跛、斷手和發育不健全者，政府有責任對各種殘疾的社會不幸者予以扶持收養，普遍關注照顧而務求沒有遺漏者。故「至平」的社會既是正理平治的社會，則正理平治意指合乎一套社會規範的行為模式。

　　以上這二原則在適用上有其優先順序，第一原則優先於第二原則。意即不得以變善社會及經濟不平等為由，而侵害各項平等的基本自由權。其次，第二項原則的公平機會平等原則也優於差異原則，意即不得為使處境最不利的成員獲致最大的利通，而限制或阻礙了某些人國團體公平參與職位的或地位的競爭。〔註76〕

　　以上的主張類合荀子的立論精神，在平等的權利上，荀子以禮所運作下的社會正理平法，若是不符合這套社會規範的行為，就是非正理平治的社會行為。在不平等的條件上，照顧到個體的特殊性，使之享有公平的立場。對荀子而言，乃屬於偏險悖亂的偏差行為，即不公義、不公平之「惡」。因此，在荀子的社會思想中，若要達成群居合一的至平社會，則應當規約一套正理平治的行為，以制約社會中偏險悖亂的偏差行為。

　　關於人性之惡的話題密切相關，也是羅爾斯所關注不已的話題，他認為

〔註75〕王天海注引梁啟超云：「本篇論社會原理，有極精語。」呂思勉云：「此篇中有述制度處，頗足與群經相考證。此外有論人治之語；有言法後王之義，又其言有群乃能勝物，而群不可無分。」《荀子校釋》下冊（上海：上海古籍出版社，2009 年），頁 339。

〔註76〕參考張福建：〈羅爾斯的差異原則及其容許不平等的可能程度〉《正義及其相關問題》（台北：中央研究院中山人文社會科學研究所，1991 年），頁 281～304。

那些行為和品性無可指摘的人，他們的生活也似乎缺少些價值。人們太多的時間和精力被耗費在那些最終毫無意義的事務上，絲毫無益於自身的極致和昌盛。羅爾斯努力以某種方式表明，是什麼讓人的生活有可能富有意義，從而過上有價值的生活。我們能否設想一個現實的理想社會，一個從現在起，經由一條合理的轉變路徑能達到的理想群居世界；一旦達到，它能夠在現實的條件下維繫自身，通過構建這樣一種現實的大同，羅爾斯力圖表明：「這個世界是美好的，至少它可以讓人類的集體生活變得有意義。」〔註77〕羅爾斯的思想充分表達荀子對於理想世界，而且這理想可實現性也是合理的信念，他們能夠讓我們與這個世界和諧共處。只要人們有充分理由相信，人們之間自我維繫的、正義的集體生活具有現實的可能性，人們就可以期待自己或其他人在某一天、某個地方實現它——並因而能夠朝著這一目標不斷努力。通過塑造一個理禮社會運作作為人類集體生活的最終道德目標，禮樂文化可以讓我們士氣大振，免於放任自流和憤世嫉俗，提升我們當前生活的價值。

　　由於儒家思想在中國成了不成文的憲法，國家的治理多半用柔和的社會制約，而不大用硬性的法紀；在這樣的國家裡，傑出的思想家和大師的地位即便不高於在野的政治家，至少與在野的政治家相等，同法治國家的傑出律師一樣。正如金嶽霖所說：「一位傑出的儒者，即便不在生前，至少在他死後，是無冕之王，或者是一位無任所大臣，因為是他陶鑄了時代精神，使社會生活在不同程度上得到維繫。」〔註78〕孔孟荀在世也許都看不到理想的實現，但無疑地他們都是儒家的代表，儒學精神的聖者。從理論層面來證明一個理想穩定之居住環境的建構，從而能啟發人們對於世界良善之判斷，基於人們集體生活的道德質量。陳定閎認為：「荀況並不是簡單地提出實現王道的主張，而是在如何實現王道的問題上，建立一個社會理論體系。」〔註79〕儒家講內聖外王，認為內在的聖智可以外在化成為開明的治國安邦之術，所以每一位儒者都認為自己是潛在的政治家，故的儒學理想，是在經國濟世中得到充分落實的。

〔註77〕參見湯馬士‧伯格（Thomas Pogge），顧肅、劉雪梅譯：《羅爾斯與《正義論》》（台北：五南出版社，2013年），頁16。

〔註78〕金嶽霖：《道、自然與人》（北京：三聯書店，2005年），頁58。

〔註79〕陳定閎：《中國社會思想史》（北京：北京大學出版社，1990年），頁158。

第四節　荀子自然生態的倫理觀

儒家的倫理觀中本來就是包括了天地萬物，儒家尊重生命，認為萬物同樣是有價值的，自然本身是有道德性質的，故要使用萬物也是以道德的標準來進行。荀子的生命倫理也是及於自然界世界觀是從禮建架出來，由於人是與人相互的連繫，人無法獨存於世界，所以人與人、人與物、人與國都都要建立合理性的連繫，這才是符合禮義的世界。

一、萬物皆有養

荀子認為「禮者，養也」，用禮義來教化、改造人的本性，把人們追求物質利益的活動節制在有限的物資條件的範圍內。荀子用在一定程度滿足人欲望的疏導辦法來代替一味的對人的欲求的阻節，可以看出荀子對現實人性的把握。然而在禮的指導下合理利用自然，如「備養動時」、「取物不盡」，使物必不屈於欲。山川河澤等自然資源與龍魚鳥獸等動物之間互為依存的生生關系，他說：「川淵深而魚鱉歸之，山林茂而禽獸歸之」(〈致士〉)，可知人與自然的關係相互貼切，以禮來節制人的不合時宜的行為，以保護人與自然的生生之道，而且提出了一些保護自然生態的主張：

> 草木榮華滋碩之時，則斧斤不入山林，不天其生，不絕其長也；黿鼉魚鱉鰍鱣孕別之時，罔罟、毒藥不入澤，不天其生，不絕其長也。春耕夏耘，秋收冬藏，四者不失時，故五穀不絕，而百姓有餘食也；汙池淵沼川澤，謹其時禁，故魚鱉優多，而百姓有餘用也；斬伐養長不失其時，故山林不童，而百姓有餘材也。(〈王制〉，頁 338)

> 彊本而節用，則天不能貧；養備而動時，則天不能病；脩道而不貳，則天不能禍。(〈天論〉，頁 676)

主張對於山林湖堤，按時封閉和開放而不收稅，而且還要求天子諸侯打獵時不要殺傷過多，以免滅絕生靈。讓草木生長的時期禁止砍伐；各種魚類正在產卵之時，應禁止捕魚；春耕、夏鋤、秋收、冬藏不錯用時候，糧食生產就有了保障，當時月之禁令有益於林木鳥獸魚鱉等生物資源的生長發育，同時也是為了滿足人的欲望提供了物資保障，又云：「殺大蚤……非禮也。」(〈大略〉)指不合時宜過早宰殺動物是不符合禮的，也不符合人的理性。

二、生態維護有可為與不可為

荀子的生態倫理，也可從「天」、「人」之別論述，謂在其「不可為」與「可為」之別。蔡錦昌談到：「所謂『可為』也不是任意亂為，而是得當地、不苟的為，同時要應之以治，斧斤也不能隨意入山林砍伐，就知道荀子的天人並非二元對立地分離的兩個存在物，而是策略地二分的兩個氣質性的事物。只不過『天道』不必修養，自然就合於陰陽之道，須要修養的是人。人不修養便近於禽獸，言行舉止統通陰陽不和，也即是亂、凶、惡，故此荀子主張做人必須學禮義。禮義學到最高境界，其實就會與天地之韻律合一，於是天地人三才也就合其德。」〔註80〕故以聖人制禮義就有動源，這動源的創造來自人的存在性，故自然的合理性也要以人的禮義價值的保障之，禮義生於人之「偽」，故「偽」不僅只是單純之外在人為之意而已，而是要聖人道德教化的歷程，是對自然生態的照顧。

荀子主張在遵循自然規律的前提下，發揮人的合理性和創造性，故云：「天地生君子，君子理天地」，主張人類去改造自然，利用自然，以滿足人增長的需求，即「大天而思之，孰與物畜而制之。從天而頌之，孰與制天命而用之」可見，荀子一方面用禮義把人的欲望限制在一定的範圍之內，另一方面又要求人們對待自然要「斬伐養長不失其時」，如此方能「山林不童而百姓有餘材」，達到「求者近盡」、「使物必不屈於欲」，這才是自然生態的理想狀態。

在人與自然倫理關係，萬物是密切相關的，人是自然界的一個組成部分，自然萬物對於人來說是十分重要，且人不能與自然萬物分割開來，更不能將二者對立起來，故云：

> 制禮義以分之，以養人之欲，給人之求。使欲必不窮乎物，物必不
> 屈於欲。兩者相持而長，是禮之所起也。（〈禮論〉，頁751）

人的生命存在，以人與自然的和諧相處為重要條件。一方面，人要在禮對人欲的限定範圍內，通過自己積極地創造性活動即實踐活動來改造、利用自然，使之為人們服務；另一方面，在禮的指導下，人要尊重自然，服從自然規律，愛護自然，保護萬物，使自然萬物能夠持續發展，這樣才能為人類生活提供更多的物資，滿足人類增長的需求，達到人與自然的相互增長。

〔註80〕蔡錦昌：〈細柔的「一」與粗硬的「一」——評兩種德國的荀子研究〉「荀子研究的回顧與開創國際研討會」（雲林：雲林科技大學漢學所，2006.2.18），頁13。

三、人與萬物為一道德共體

　　儒家與萬物是一道德共體，所以對於萬物的需求是恩及禽獸、林澤及草木乃至國土山川……。如喬清舉說：「儒家哲學中，動物屬於道德共同的範圍，儒家要求對於動物的道德關懷是發自人的仁心，承認它們和人一樣也是生命，要求愛護和尊重它們的生命，重視它們的內在價值，把讓它們順利生長，完成自己的生命週期。」〔註81〕認為人與萬物共同生活在天地之間，人要有愛物惜命的觀念，故云：

> 脩火憲〔註82〕，養山林、藪澤、草木、魚鱉、百索，以時禁發，使
> 國家足用，而財物不屈，虞師之事也。
>
> 順州里，定廛宅，養六畜，閒樹藝，勸教化，趨孝弟，以時順脩，
> 使百姓順命，安樂處鄉，鄉師之事也。（〈王制〉，頁388）

對於萬物的收獲取得，都有一定的規定，如有漁師之管、有虞師之列，百姓生活有鄉師之屬，甚有專門管理林木的機構人員，這些都是儒家對於生態措施。這種鄭重的態度包含了對於大自然的慎重與敬畏，乃是將大自然看成為一體觀的道德意識。這些都是聖王之制，人格的修養要以這樣的定義來看禮的大自然，並給予價值意義，故天地萬物都是人類的共同體。

　　儒家文化是重視、尊重和維護生命的文化，其對世界的認識是是將生命延伸到自然來看力，自然界是生命的一部分，故子曰：「節用而愛人，使民以時。」（〈學而〉）對於物命要有愛惜的觀念修為，只有愛惜自然資源才可以利用自然資源。荀子愛惜自然物命的另一個方法是「節用」。人類生活的當下之中，生命需要要物命的維續，為了保證人民的豐衣足食，長久之策是採取「節用裕民」的主張，如云：

> 足國之道：節用裕民，而善臧其餘。節用以禮，裕民以政。彼裕民，
> 故多餘。裕民則民富，民富則田肥以易，田肥以易則出實百倍。上
> 以法取焉，而下以禮節用之，餘若丘山，不時焚燒，無所臧之。夫
> 君子奚患乎無餘？故知節用裕民，則必有仁聖賢良之名，而且有富
> 厚丘山之積矣。此無他故焉，生於節用裕民也。（〈富國〉，頁424）

〔註81〕喬清舉：《儒家生態思想通論》（北京：北京大學出版社，2013年11月），頁54。

〔註82〕王天海案：「脩火憲，制訂用火的正令。……古時火憲非單指防火之法令，而是屬於用火之法令，楊注已偏，後說者亦從其說。」《荀子校釋》上冊，頁394。

荀子提出節用以禮、裕民以政，就能充足有餘，民富而田肥，糧食儲存則有乘餘，如此的治理，使得君王也仁聖賢良之名，這都是「節用裕民」的方法。得到開源節流和「省工賈、無奪農時」等主張，伽達默爾說：「我們是被某種東西所支配，而且真正是借助於這種支配我們的東西，才會向新的、不同的、真實的東西開放，柏拉圖把這一點說得很清楚，他巧妙地軀體的食物和精神的食糧，作了一比較：即使我們拒絕前者，但我們總是早已接受後者了。」〔註83〕說明了食物與精神的相對需求。這在儒家都有通盤的考量，故荀子對於自然資源在生產與消費的關繫上，以「強本節用」、「務本節用」等的見解，要能分享地利，按照土地的特點，因地制宜，發揮「本」的功用，而且按照禮義的約束，節用物命、續養身命，如此才能擁有富裕的生活。

　　荀子的生態生命倫理觀，從個體、家庭、社會、自然等方向來觀察，其以禮的範疇來發展，其不但是擴大前人的禮範疇而其要不斷給出禮的實用價值，從而建構了禮的世界性。其以禮的訂定，本於對養有別的判斷，又因為欲望需要得到滿足，這樣的結構關係，個別身分之人得到養別的作用，而人之欲望抒發，又使人皆能合乎情性抒發，人與物之間體用適當，使得禮成為「在世存有」的意義，是和諧又合理的社會運作。故荀子改變了傳統的禮觀點，並擴大了禮的範疇，李哲賢認為：「其禮之外圍及效用，不僅較其前人之所及為廣大，且其範圍為要之所涵，其效用與社會學之觀點不侔而合。」〔註84〕從養別、情文作為聖王制禮的出發點，人能透過禮調和上與下、內與外之間的關係，從而開出天人相分的立體世界，將禮的種類括及人類生活中的一切事物，成為維繫天下宇宙秩序的原則，因而展開其禮的世界宇宙觀〔註85〕。

第五節　荀子禮樂與倫理教育對生命教育的啟示

　　從人類個體生命存在的角度，說明每個特殊個體都具有人與己、人與人的關係面向，身處於同樣的天地之中，則有其社會自然的層面，故人在這個

〔註83〕伽達默爾：《真理與方法Ⅱ》，頁 278。
〔註84〕李哲賢：《荀子之核心思想》（台北：文津出版社，1994 年 8 月），頁 159。
〔註85〕海德格對「世界性」認為：「世界中的存有者之所以具有意義，不是由於他們本身擁有某種特質，而是由於它們在某種關係上。世界性是一個由各種關係所構成的體系，這個體系的組織給出意義。」陳榮華：《海德格存有與時間闡釋》（台北：臺大出版中心，2012 年 2 月），頁 61。這與荀子用「禮」來架構整個天下觀的說明甚為類似。

世界中真實存在的存有者，並不是孤伶伶的個體，人以自己特殊的身心，在其一生之中，與其他同類共同參與這個世界，而在與社會、自然的互動過程中，創造出合乎人類期望的理想世界。如個體的結合組成家庭，並分工合作，創建了人文的意義世界。又因緣相遇下，人與萬物的接觸，在摸索中人發現了自然與的規律，發現了自己可以做什麼，從而懂得與外在協調，善用此生創造出人類永恆的理想價值。

　　生命教育中人與人的教育，則屬於倫理學的範疇。倫理學是哲學的一個主要分支學科，涉及到在正確行為與錯誤行為的概念督導下，人們應該怎樣過正常生活。「倫理」（ethics）一詞來自於希臘文「ethos」，可以翻譯為「習俗」或「道德」，當人們遇到什麼是正確或錯誤？何者是聰明或愚蠢？研究這些問題的學問統稱為「ethica」，其中相關於生命議題上，乃探討價值與意義，這是人與人的生命教育。倫理學系統性地思考和研究關於道德觀念方面的問題，像善與惡、對與錯、美德與惡行、正義與罪行一類的概念。倫理學又稱為道德哲學（moralphilosophy）或者更廣泛的將政治學包括進來稱為「實踐哲學」（practicalphilosophy）。基本上倫理學便是自理論化、知識化的角度，討論屬人的各種道德性行為，以及如何對一個道德行為加以判斷、評價的原理原則，以建立倫理規範、原則的知識。因此「倫理學」大致上被定義為「有關人類在生活中，當面臨一個行為判斷或選擇的困境時，能夠在倫理知識的基礎上，衡量是非善惡，在情感上激起在理論上說服，方便人能考與改進並做出最適宜的行為選擇。」正如學者所說：「主要以研究種種個人與群體的行為與實踐問題為職志。」〔註86〕做出一種行為的「人」和人所做出的「行為」，而倫理學的理論與知識便是在區別行為者與行為的基礎上建立的。

　　相應於這種區分，一般倫理學有目的論、義務論的規範範倫理學與德行倫理學的分辨。規範倫理學比較重視如何去思考日常生活中的道德行為、道德義務的合理性，行為所應該遵守的道德原則，以及產生對錯、善行為的動機，結果等問題。而德行倫理學重視「我應該成為什麼樣的人」，如像誠實、善良、良心等德行都與人在某種情境下做某種行為的意向、特性有關，基於個人希望成就那種人格的特質，所以應該培養那種的人格特質，從而內化成為一個人的道德行動能力，能夠自然的表現在日常言行舉止的行為中，呈現

〔註86〕弗蘭克・梯利著，何意譯：《倫理學導論》（桂林：廣西師範大學出版社，2002年12月），頁3。

出「做人」的道德行為價值。

　　歸納上述生命教育中倫理學的概念，荀子禮樂文化的觀念中也有著深切的發明，其倫理教育方面，探討生命教育的議題，包括了對社會與自然環境的思想建構，他從個體生命與大環境的價值共融，建立社會總體營造的意識，又把自然生態納入人的倫理生活之中，珍惜生存環境，進而關懷社會、國家、宇宙的生命，並從而教化人學生尊重生命的多樣性及大自然的節奏與規律性，使人類有機會去親近生命、關懷生命。〔註87〕

　　人們行為上的協調性質是出於社會規定或習慣的結果，這些規則或有明文規定，或是自動運行的，一切規則、法律、習慣及規矩很明顯的是屬於學習得來的，人們習慣的一類，就是屬於人們所謂的文化。荀子這些面向都有括涵，以禮樂文化為其主其所展開的生命教育理論更有所開展，一、提供物質的客觀環境；二、開展「禮」的精神及其外延；三、強調名實與公義；四、重視社會組織與教化，敘述如下：

一、提供物質的客觀環境

　　禮就是為了養人，故「禮者養也」人因為要生活、諧和環境而創造禮儀，構成人文的環境，一切生理精神上的需要，都是靠禮間接去滿足，荀子主張在遵循自然規律的前提下，發揮人的合理性和創造性，故云：「天地生君子，君子理天地」，主張人類去改造自然，利用自然，以滿足人增長的需求，一方面用禮義把人的欲望限制在一定的範圍之內，另一方面又要求人們對待自然要不失其蓄養，而可以不斷利用，這才是自然法則的理想狀態。

　　荀子認為唯有透過重新解構禮的世界，標舉養別之旨、提倡情文融攝，才能撥亂為正建立新的禮學宇宙觀，這宇宙觀乃包括了個體、社會與自然，以人類生活中生命需要要物命的維續，才能使人民的豐衣足食，採取節用、環保以裕民等主張，漸漸朝向「禮的新觀念」之發展，禮之義涵有重大的轉變，荀子正是大刀闊斧，並將儒家之禮學邁向新的里程。

二、開展「禮」的精神及其外延

　　荀子的倫理觀是以「禮」為核心觀念，禮隨著時代發展，道德、律法、生

〔註87〕參考林思伶：〈生命教育的理念與做法〉《台灣地區國中生生死教育教學研討會論文集》（彰化：彰化師範大學，2001年），頁198～200。

態紛紛從禮中分化，在外延影響漸漸縮小之際，荀子則將禮學的延伸到人格修養、家庭倫理、和諧社會乃至於宇宙規律等範疇。荀子認為禮憲具有構造社會人群之法式，可以將散漫而無分義之人群穩固而貞定之，在聖人的積習與起偽下，使之結成一客觀之存在。

禮的本質雖屬於政治制度，但隨著時代發展，道德、律法紛紛從禮中分化，在外延影響漸漸縮小之際，荀子則將禮學的延伸到人格修養、和諧社會乃至於宇宙規律等範疇。荀子認為禮具有構造社會人群之法式，可以將散漫而無分義之人群穩固而貞定之，在聖人的積習與起偽下，使之結成一客觀之存在。故荀子禮學是一種仁義的客觀化，其試圖以「禮憲」或「禮義」，做為其生命教育的基石，並從個人的道德修養，和諧人倫社會，制度治理國家的範圍，如禮在政治上則有維持君臣關係、教化百姓；分定天人關係的規律；人格修養重視化性、習偽，在萬物運用上具備統整、分別物類功能的效用等，禮的表現會因為對象的不同，有所差異，也形成荀子禮學生命教育的特質。

荀子將對於人與自然社會的經驗，有系統地結集成知識，建立起人生中必須的基本規範，創造出不同的制度，再以各種方式教育人群，傳遞這些文化氣息。故傳統以來，從無知而有意識的創造出各種共營的生活規範、制度，目的在幫助人們活出生命的價值與意義。

三、強調名實與公義

荀子人際社會關係，以名實觀定位人的立足點，在這立足點下人人有公平的生活原則。他重視公平機會平等原則，認為農工商賈等都有有專業與特長，他們的技術與經驗，不是任何階層的人所能勝任，以此能補其不能，以其有餘補其不足，這就是一種供需之平衡，對於社會多元的角色，並沒有可以任意取代，故以禮為交流，在人與人之間，相互交流與節制，以達到平等自由之目的。

應使社會處境最不利的成員獲得最大的利益，當有老長幼賤者皆屬社會中生存條件及能力較為弱勢者。荀子本著人道關懷，提倡「選賢良，舉篤敬，興孝弟，收孤寡，補貧窮」（〈王制〉）等社會道德與救濟，又有更深入的關懷；而另方面則又責成為政者，以政令制度來落實殘障福利及貧民的醫療救濟。

故禮樂文化一切價值體系包括著社會組織的方式，禮儀運用做為人們物

質與精神生活方面，以合理化、標準化的禮符應於習慣或風俗，正是荀子禮樂文化的基本要素。

四、重視社會組織與民生關懷

　　荀子禮樂文化乃從人群的分義、治法、統類等觀點來展開其倫理教育思想，他開創出與先儒不同的理論，也因此開拓了其禮學視域。故荀子禮學是一種仁義的客觀化，做為其生命教育的基石，因此荀子禮學從個人的道德修養，和諧人倫社會，制度治理國家的範圍，如禮在政治上則有維持君臣關係、教化百姓；分定天人關係的規律；人格修養重視化性、習偽，在萬物運用上具備統整、分別物類功能的效用等，禮的表現會因為對象的不同，有所差異，也形成荀子禮學教育的特質。

　　荀子禮的擴大前人的範疇，且不斷給出禮的實用價值，從而建構了禮的世界性。其以禮的訂定，本於對有養有別的判斷，又因為人情需要得到抒發，故制禮以為情文盡具，這樣的結構關係，個別身分之人得到養別的作用，而人之情性抒發，又使人皆能合乎情理，行為得體妥當，使得禮成為「在世存有」的價值，是和諧又合理的社會運作。

　　荀子禮樂與倫理教育，在漢代社會發揮其影響，如陸賈、賈誼、董仲舒、司馬遷、劉向、班固、王充等人都深受荀子教育學說的影響。乃至後代禮樂文化的傳承，荀學都具有不可或缺的意義，主要是在文化詮釋與經濟自由下，人們重視對於客觀條件的考察，這一社會脈絡讓中國人意識認同，對於生存、創新、求變的原則下，儒家不斷地在對世局重新尋找意義，荀子禮更能彰顯人生存在的價值，體驗生命的真諦，並在其生命教育作用的積習中，找到人類的安頓之道。